郑伟————

著

声入人心

SUPER VOCAL

21天让你的声音更有魅力

机械工业出版社
CHINA MACHINE PRESS

本书融合语言表达、语音发声、朗读朗诵的理论指导与实践练习，将核心理论与技巧用通俗易懂的方式呈现出来。本书分为两大部分，第一部分为基础理论讲解，第二部分为实践练习。书中无论理论还是实践部分，都针对每段文字或材料附有二维码，用音频范读或者讲解的方式，让您更好地体会书中要义，领略声音的魅力，掌握相关技巧。

　　本书既可以作为各类学校相关专业学生语言表达的教材，又可以面向社会各界对自己的声音形象、普通话语音、表达技巧有所要求的朋友进行全方位指引。这是一本可阅读的书，更是一本可练习的书，学习相应理论，然后跟随书中材料进行练习，坚持21天，让您迈入语言表达的神奇殿堂！

图书在版编目（CIP）数据

声入人心：21天让你的声音更有魅力 / 郑伟著 .
— 北京：机械工业出版社，2021.3（2023.9 重印）
ISBN 978-7-111-67670-6

Ⅰ . ①声… Ⅱ . ①郑… Ⅲ . ①语言表达 – 通俗读物
Ⅳ . ① H0-49

中国版本图书馆CIP数据核字（2021）第037404号

机械工业出版社（北京市百万庄大街22号　邮政编码100037）
策划编辑：刘怡丹　　　　责任编辑：刘怡丹　廖　岩
责任校对：李　伟　　　　责任印制：张　博
保定市中画美凯印刷有限公司印刷

2023年9月第1版第7次印刷
170mm × 230mm · 16.25印张 · 3插页 · 210千字
标准书号：ISBN 978-7-111-67670-6
定价：69.80元

电话服务　　　　　　　　　　网络服务
客服电话：010-88361066　　　机 工 官 网：www.cmpbook.com
　　　　　010-88379833　　　机 工 官 博：weibo.com/cmp1952
　　　　　010-68326294　　　金 书 网：www.golden-book.com
封底无防伪标均为盗版　　　机工教育服务网：www.cmpedu.com

最近，郑伟老师来我家探望，给我带来了他的新书《声入人心：21天让你的声音更有魅力》，我看后认为这样的教材不仅有创意，也有很强的实用价值，值得推广。

书中分为理论篇和训练篇两部分。

在理论篇部分，以播音学理论为基础，从 6 个方面概述"声、字、气"如何更好地在语言表达中结合和运用，从而可以更好地提高语言表达能力。不久前，教育部发文，要求大中小学生把朗诵作为基本功，要重视和不断提高口语表达能力，足见国家教育主管部门对全民提升语言能力的重视。而这本书的出版，是社会各界的朋友们了解和学习语言表达的一条很好的纽带。

在训练篇部分，共有 21 天的训练安排。21 天可以让人形成一个良好的习惯，每天进行一项，循序渐进，科学合理。具体训练内容为：（1）字音训练；（2）古文朗读训练；（3）现代文朗读训练。

这 3 项训练是密切联系且不可或缺的。我们的语言表达，首先要语音规范，以普通话为标准音，去掉方言土语，调值准确。其次要语言流畅，结合朗读古文和现代文的训练，可以事半功倍。将这 3 个方面结合运用，才能水到渠成，为语言表达获得全方位进步奠定基础。

建议大家妥善利用本书的安排，进行有序练习：（1）字音部分，由声母和韵母为起点，全面掌握普通话声、韵、调的吐字归音，所谓"台上一分钟，台下十年功"，字音是语言表达的基石，唯有苦练，才能进步。（2）古文朗诵，中国古代优秀的名篇佳作不计其数，读好这些经典，对于精进我们的语言表达大有裨益。对于文言古文，先理解再表达，这样我们的语流、语势、语气才能融为一体，这本书在这点上为大家提供了一条很好的学习途径。（3）现代文朗读，现代文相较古文更好理解，也更贴近我们的语言生活。即便如此，我们也需要先理解，掌握其精神实质，才能准确把握基调，朗读出各种文体的色彩，打破千篇一律的语言表达形式。本书中收录的国内外白话文章都很经典，有助于大家在练习的同时提升文学品位。

郑伟老师所安排的教学方法，既有创新意识又有很高的实用价值，按此教学，会对社会各界的读者们提高语言表达能力、扎实基本功大有裨益！

党的十九届五中全会关于高等院校教师的要求特别提到，要提升教师教书育人的能力素质。郑伟老师的教学思想是符合理论和实践相统一的要求的。新时代、新思想、新征程，要有新作为，要把十九大精神体现在教学岗位上，勇于承担，勇于创新。希望年轻的郑伟老师继续努力，在教育战线上一步一个脚印地不断攀登，取得更为优异的成绩！

葛 兰

2021 年 3 月 3 日

2020 年我出版了自己的第一本书——《领读者》，这是一本关于朗读技巧的专业书籍，承蒙朋友们的厚爱，此书面世之后得到了很好的反响。在此我要特别感谢"郑老师语言表达交流群"的家人们，大家对于这本书的支持与肯定，奠定了它的成功。这本书在图书销售网站上获得了很高的好评度，并收获了数千条鼓励与肯定的留言，令我受之有愧，心存感激。

书籍的出版永远都是遗憾的艺术，因为当它一旦被排版印刷，就意味着大局已定，所有的思考在这一刻戛然而止，即便再有新的想法，也无从继续添加。《领读者》一书在出版后，就让我屡屡有"如果我当时这么写……"的感慨。

也正是在这时，我遇到了我的责任编辑——机械工业出版社刘怡丹女士，在她的鼓励与鞭策之下，我带着对前一本书出版的喜悦与创作的遗憾，开始了第二本书的撰写工作。

与第一本书一样，我进行创作所用到的素材基本都来自我日更的微信公众号"郑老师的话"。这是我从 2014 年开始深耕的一个普通话学习、朗读朗诵类公众号，至今已坚持每日更新七个年头了。在日复一日的公众号更新中，让我精进的绝不仅仅是声音，更是对文字的敏锐感知，对作者的深度共情，对历史的宏观掌握。经典朗读，带给一个人的提升是全方位的，这也是我一直致力于在线上线下努力推广和普及"朗读，让生活更美好"这一理念的原因。因为我自己就是这项活动的最大受益者。

这本书的成形，还要特别感谢"得到 App"罗振宇老师、脱不花老

前言

师以及我在得到的课程"怎样让你的声音更有魅力"的编辑团队老师们。这本书的理论部分就是以这门线上课的讲稿为蓝本，而这门课也是我借以总结和提炼播音主持专业理论，让其进行社会化推广的一次重要尝试。目前来看，以这次尝试为开端，以微信公众号"郑老师的话"日更实践为依托，我尽了最大的能力将自己在中国传媒大学播音主持艺术学院所学的播音主持专业体系，进行了去粗取精、化繁为简的加工，并将这些原本只存在于"播音员主持人"圈子当中的小众理论与技巧，向社会各界做了广泛的宣传与推广。

这本书与其他纸质书籍最大的不同之处就在于，它既是一本可以阅读的书，又是一本可以练习的书。书中附上的每一个二维码，都请读者朋友们务必扫码收听。在理论部分，二维码中会包含正确的范读以及错误的示范。在练习部分，二维码会包含单音节字、双音节词、四音节词、绕口令、现代文、古文的范读音频。有了这些范读，我就如同在您身边一般，时刻伴您实践练习。这样的形式应该说是为您提供了一条循序渐进、科学系统的练习之路。

书名中的"21 天"，正是这条练习之路的一个时间长度。在打开这本书之前，您就一定要下定决心，在三周当中兢兢业业跟读练习。当然，如果您做到了这一点，我相信，良好的习惯会让您在接下来的时间当中，不厌其烦地翻阅此书并反复练习，在若干个"21 天"之后，您会收获一个全新的、更具魅力的声音形象。

预祝这本书的每一位读者，都能收获属于自己的好声音！

郑　伟

2020 年岁末于北京

目
录

Contents

Contents

引 子

从事播音主持专业教学多年之后，我和业界同仁们有了两个共识：首先，声音的美化不是一件小众的事情，而是一件在今天几乎人人都需要的大众的事情。其次，播音主持专业的基本功训练不再只属于播音员和主持人，而应该为全体国人所共享。这两个共识便是我写作这本书的缘起。

通过这本书，我将就几个关键问题对你进行专门训练，帮你打造相对于自己的最好的声音状态。关于自己的声音，自我检视一下，你是不是也有如下的困扰呢？

你可能在城市生活了很多年，但是还带着浓浓的乡音，总是得不到别人的尊重；你可能在职场工作了很多年，但每次去做项目汇报，总是得不到领导或客户的重视；你可能需要长时间说话，喉部已经不堪重负，但是却得不到应有的保护；你可能已经花了很多钱去维护自己的颜值，却总是因为声音而减分，得不到"男神""女神"的称号。

如果你有这些困扰，相信你会认同一个命题，那就是"言值"有时候比"颜值"更重要。颜值这个词来自于日语词汇，而今天却已经成为中国现代汉语词汇中一个出现频率极高的词，因为当下的国人都很重视自己的形象。而"言值"一词，来自我们对"颜值"的延伸和创造，它与"颜值"共同组成了一个人的气质，然而在"气质"的占比上，"言值"已经后来居上。

在当下这个时代，声音是你在沟通时候的第一媒介，声音会直接决定别人对你的长久印象。或者说，"颜值"决定了别人是否会在第一时间被你吸引，而"言值"决定了别人是否会长久被你吸引。所以说，我们每一个人的"言值"都蕴含着巨大的价值。

这本书就是与你一起探索如何获得好声音的书籍，而究竟什么才算是好声音呢？每个人心里都有对于声音的独特审美，有的人喜欢成熟男女醇厚的声音，有的人喜欢小鲜肉纯美的声音，不一而足，但是我们对于好声音的标准终究是有共性的，请你扫描下面的二维码，先听一段音频。

扫码收听范读

这段音频来自电影《我的1919》，听完后，我相信绝大多数朋友跟我一样，心里都是非常钦佩的，在我们的审美范围当中，这段音频中的声音肯定是属于好声音的范畴。那么，究竟好在哪里呢？

首先，你会发现这段音频当中的艺术家在用声时，让人感觉很通畅，音色很亮，高音、中音和低音都符合"高音不劈、低音不哑、中音稳健"的标准，声音给人一种很强的气场。其次，他在说话的时候没有任何方言的色彩，普通话字正腔圆，咬字的时候让我们听得非常清晰。再次，他的声音高低起伏，抑扬顿挫又非常清晰，丝毫不让人感觉平淡。

综上所述，我们可以概括出好声音的两个标准：其一、科学的用声；其二、规范的吐字。声音能够通透，是因为有科学的用声方法；普通话能够标准，是因为说话的人掌握了规范吐字的技巧。在这两个标准之下，我们往往就可以定义一个人的声音属于好声音了。所以，判断一个人的声音是否好听本身是感性的，而分析他的声音为什么好听，则是非常理性的。

说到这里，有的朋友可能会打退堂鼓，这么大牌的艺术家才能达到的声音状态，我岂不是相差十万八千里？这样想就有些妄自菲薄了，你不要以为这样的声音离你很远，好声音并不只属于专业演员或者播音员和主持人，你在生活中也可以自然地运用科学的用声方法，同时把规范吐字变成习惯。而我们这本书就是要帮助你学会这样的方法。

接下来就要说一说我在这本书之后的章节中具体要教给你的方法。

首先，我们要重新学习"呼吸"，听上去这非常滑稽，因为呼吸是一个人生而知之的动作，我们本来就一刻都离不开呼吸，还有必要专门学习吗？人人都在呼吸，但却不是人人都在科学地呼吸，进而科学地用声。

要做到科学用声，我要教你一个睡觉的时候都能用的气息练习方法：胸腹式联合呼吸法。让你练就好声音的基本功，把健康科学的呼吸方式变成习惯；良好的声音状态需要保持，我会教你一个我独创的懒人练声法，每天坚持5分钟，不断精进你的声音状态。

在学会了科学的呼吸和发声之后，我会教你如何说一口标准的普通话。我会告诉你应该如何去发准一个音。同时，我会用非常简单易学的方法去帮助你改掉自己的地方口音。

我还会教你把以上的发声和吐字的办法融入日常的表达当中来。在这一部分我会给你讲解一些重要的语言表达原则，这能帮助你在不同场景的表达当中更好地传达感情，说服别人，跟人顺利达成合作，最大限度通过声音提升自己的魅力。

在你掌握了这些基础理论和练习方法之后，我会为你规划出 21 天的训练计划，这个计划会建立在尽量为你节约时间、节省精力的基础之上，帮助你最大限度去挖掘自身声音的潜力。希望你能够不间断跟随练习，将练声变成一个习惯。

在专业的声音圈子里一般流行这样一句话"一天不练自己知道，两天不练同行知道，三天不练观众知道"，虽然大多数读者并非从事声音专业，但想要获得真实有用的技能，必须懂得声音的精进来不得半点虚假，只有通过不断的刻意练习，才能够将书本上的内容变成自身的一部分。

马上开始第一讲，我们一起来学习如何科学地用声。

理论篇

声入人心／21天让你的声音更有魅力

科学用声法，
达到声音最佳状态

在这一章，我将会为你着重讲解科学用声的基本方法以及练声的便捷方式。
它们将会成为你获得好声音的基石。

第一节　什么是科学用声？

生活中你应该经常看到：有的人长时间说话就会嗓子疼，进而形成声音疾病；
有的人说话声音总是太轻、太飘，显得不够稳重；也有的人说话拿腔拿调，
捏着嗓子说话，令人感到做作。这些都是因为没有掌握科学的发声方法。要
做到科学用声，你需要特别注意两点：一是有针对性地练习气息；二是练习
规范地吐字，让你在说话的时候能把气息练习的成果自如地用在表达上。

所谓的科学用声，就是发声者在科学理论与前人经验的指导之下，充分利用
自身发声器官，在保证发声器官健康运行的情况下，达到自身声音的最佳呈
现状态。

科学用声，好处多多。首先，它能给你带来声带的健康。你可能会觉得要保
护嗓子，只要少吃辛辣的食物，少抽烟、少喝酒就行了。这本身没有错，但
其实你忽视了对声带保护最重要的一点，我们的声带每天都在高频率振动，
为的就是我们日常的用嗓、说话，用嗓的科学与否才决定了声带的健康程度。
相信在你的求学生涯当中，肯定会遇到这样一位老师，他长期在讲台上讲课，
声嘶力竭、任劳任怨，最后积劳成疾，不得不离开讲台。而生病的部位不是

别的器官，就是他赖以说话的器官——声带。其实还有很多其他需要长期用声的职业群体，比如销售人员、记者、主持人、培训师等，也会遭遇同样的情况，如果没有科学的用声习惯，你的声带相当于每天都在经受折磨。长此以往，就会造成各种病变，比如声带息肉、声带小结、声带溃疡，一侧声带麻痹乃至两侧声带麻痹，这对于声带来说都是非常严重的疾病。

也许你没有严重的喉部疾病，可能是在刷牙的时候会干呕，或者说话的时候声音沙哑。这又是为什么呢？很多时候，这就是慢性咽炎造成的。许多人把慢性咽炎归因于雾霾，归因于不清洁的水源，等等。但这些外在因素有的时候没有那么重要。真正重要的原因恐怕还是长期的错误用声，最终造成了声带的慢性病变。

除了健康之外，科学用声能给你带来的另一点是，让声音更加动听。

在之前的内容当中我们已经对好声音的标准做了定义，但还是有人会问这样的问题：老师，我想通过练习获得像XXX一样好听的声音可以吗？这里我可以明确告诉大家，如果你是抱着这个目的来练习科学用声的，那么你可能要失望了，因为声音的音质受制于先天条件，包括声带的厚薄、长短，共鸣腔体的大小，口腔形态的构造等，我们不可能通过某一种练习完全达到另一个人的声音状态，而为了达到另一个人的声音状态而进行的对声带的挤压也是一种不健康的用声方式，是应避免的。

虽然我们不能变成别人，但我们可以做最好的自己——我们可以通过科学用声找到自己声音状态当中最美最好的那个层面。而且我要告诉你，每个人的声音都有自己最好听的一面，只是大多数人没有机会通过正确的训练找到它。

通过后面的内容，我会帮你找到它。

总结一下，在这一节当中，我首先为你讲解了科学用声的定义及其对我们声音的重要作用。下一节，我就来教你如何通过气息练习来进行科学用声。

第二节　怎样科学用声

科学用声，需要注意两点：有针对性的气息练习和吐字练习。前者是科学用声的基础，后者能让你把气息练习的成果自如地用在日常说话中。

这一节，我们先说说科学用声的气息练习。你不用担心会太专业，我会告诉你一个简单好用的呼吸方法，你即便在睡觉的时候都能练习。

在讲具体的方法之前，必须要给你一个口诀。这个口诀很有意思，它特别像金庸小说里的内功心法：气息下沉、喉部放松、不僵不挤、声音贯通、字声轻弹、如珠如流、气随情动、声随情走。

为你简单解释一下，这个口诀的基本含义是，要做到科学用声，情、声、气三者要相统一，各部分机能也要充分互动，最终合作达成最佳的声音状态。我为你总结了这样三句话：1，情感是君王；2，气息是统帅；3，声音是士兵。

首先，解释一下"情感是君王"，这句话的意思是：情感是我们在进行语言表达的时候最重要的一个层面，它是最终支配我们的气息和声音的最重要的内部力量。情是心理内涵，是气息的主导，是声音形式的根据。关于情感的部分，我在后面的章节中还会为你做具体论述，这里先谈谈气息和声音之间的关系。气是生理基础，是情与声之间的桥梁，是声音发出的动力；声是物理形态，是情的外在表现，受气息激发与影响。

"气息是统帅"，说的是气息在科学发声中处于基础的地位，很多人都很在意自己声音的最终呈现能不能好听，殊不知，比声音更重要的还有一个要素，即气息。如果你在说话的时候，气息是通畅的，好声音就只是一个自然而然的呈现。这也是为什么说"气息是统帅，声音是士兵"，二者切不可本末倒置。

情、声、气三者之间还有一个关系就是："情要取其高、声要取其中、气要取其深。"情取其高，要求我们情感饱满、真挚、流畅；声取其中，要求我们的声音"上不挨天，下不落地"，不要超过自己能驾驭的最高音或者最低音，要找到自己最自如的声音状态；气取其深，要求我们的气息沉到肺底，以最充分的气息状态去应对可能遇到的各种声音状态。

这样说可能有点抽象，我给你举几个例子解释一下。你有没有在重要场合演讲的时候，一紧张就会感受到气短？你有没有在谈判的时候，会感觉自己的声音很飘，压不住场？你有没有在应聘面试时，因为声音不饱满，而让对方感觉你不够真诚、不够稳重，从而失去机会？这些其实都是你在说话的时候没有用上气息的力量导致的，一旦把气息调理顺畅了，这些声音问题都迎刃而解了。

那么，我们怎么样科学使用气息呢？现在我们要讲一讲科学呼吸当中的一个根本大法。这个根本大法听着好像很高大上，但是练起来，没有你想的那么复杂。它的科学名称叫作：胸腹联合呼吸法。

现在，请你跟着我一起来做这么一组动作。无论你是站着还是坐着，请你把腰杆立起来，然后将自己调整到一个非常放松的状态。

想象一下，现在春暖花开，在一个公园当中百花齐放，香味沁人心脾。你在闻到这个花香的时候，内心非常愉悦，真想把这个花香吸到肺底。我们共同来做一做，把沁人心脾的花香吸到肺底，吸气。

虽然我没有看到正在练习的你，但是有两点你需注意。首先，你在呼吸的时候有没有因为想要吸进更多气息，从而发出了非常响亮的呼吸声？其次，你在呼吸的时候有没有把肩膀突然耸起来呢？这两种状态都不是科学的状态。如果你以这两种状态来进行呼吸，你的气息往往沉不了、深不了。而我们进行科学用声有一个重要目的，就是将气息尽可能沉到肺底，只有气息沉下去了，才能解决我们前面说的气短、说话声音飘、不够饱满等问题。所以，在用声过程中首先要做到不憋气、不耸肩。

接下来，我们继续按以下步骤进行呼吸：吸气，呼吸无声、两肩放松、胸部放松、喉部放松。感觉到我们头颅往下、腹腔往上的部位是完全放松的，是不需要给它任何力量的。在这个时候，气息开始往下走了，我们要做一件事，以保证气息能够下沉，那就是看看自己的小腹是不是用力收紧了。你可以尝试把你的手放到肚脐以下三指的地方，也就是我们常说的丹田。然后用你的手指稍微使点力往里摁，再吸气。这个时候，小腹在外力作用下保持了紧张状态，呼吸时候小腹用力，气息就会扎实，声音就会是结实的。下面，我们再试着不用手指去碰触小腹，而是自己主动微收小腹，慢慢习惯让自己的小腹在用声时，自觉保持微收的状态。需要注意的是，我们在呼气和吸气的时候都要始终保持小腹的这种积极的状态。

我们再按照如下步骤完整进行一次呼吸：闻花香吸气——两肩放松——胸部放松——喉部放松——小腹微收——丹田用力——两肋打开。好，在这个时候有没有感觉到有一股力量使得气息很稳健，徐徐进入肺的底部？请你如此反复呼吸若干次。记住，无论是吸气还是呼气，都要达到七八成满即可，不能过满也不能过少。需要说明的是，从现代解剖学意义上来看，气息肯定是无法沉到丹田也就是小腹的，所谓"气沉丹田"这是中国古代先辈们总结出来的一种意象，今天更科学的说法是"气沉肺底，力沉丹田"。

如果这样，你还是感受不明显的话，你可以再做一个动作，把手放到腰部偏上的两侧，我们称之为两肋。有一个成语叫两肋插刀，插的就是这儿。然后，重复我们之前说的几个步骤，吸气、闻花香、呼吸无声、两肩放松、胸部放松、喉部放松、气息下沉、小腹微收、丹田用力。好，吸气。

有没有感觉到在这个时候你的肋部缓缓地把你的双手给撑开了呢？如果有，那恭喜你，你达到了胸腹联合呼吸的状态。如果没有，也不要着急。告诉你一个小诀窍，你可以躺在床上，在腹部放一本比较重的书或者其他重物都可以。然后再重复以上呼吸的要领，把手放在肋部，你一定能感受到肋部打开。请你记住，整个过程所呈现出的状态就叫作胸腹联合呼吸的状态。

当然，呼吸方法要改变是很难的，只有你把正确的呼吸方式变成习惯，才能在日常说话中自如地运用。我建议你每天睡前和醒来的时候，先做五组这样的气息练习，从而不断夯实这样的呼吸状态。

练就了这套呼吸的方法之后，我们能够马上学以致用。比如，在许多正式的场合，我们的措辞往往不是简单句，而是会包含很多复合句，当中会有大量的形容词、副词。比如，在勤劳勇敢、真诚善良、艰苦朴素、不屈不挠的中国人民的奋勇拼搏下。

这一句话这么长，你又要很好地表达，就需要气息稳定而持久输出。而胸腹联合呼吸恰能为我们源源不断地供给气息，做一个有力保障，让我们在各种正式场合不气短、不紧张，应对自如。

再看一个应用场景，在与人交流的时候，我们都希望自己说话的声音是真诚的。那什么样的声音是真诚的？我们中低音域的声音是最能体现出真诚的。你可能会说，我天生声音轻或者天生声音尖锐。其实，你是可以通过胸腹联合呼吸法来调整的。我们在做胸腹联合呼吸的时候，强调要让气息往下走，在气息下沉的同时，你说话的声音自然就能达到自己音域范围内中低音的状态了，声音就不会尖厉、让人不舒服了。中低音域的声音往往能让人从预警状态放下戒备，也就显得更真诚了。

本章小结 //

在这一章中，我们说了科学用声的一句话口诀：情感是君王、气息是统帅、声音是士兵。并讲解了它们之间的关系："情取其高，声取其中，气取其深。"并重点为你讲解了气息这个统帅是怎么工作的，还告诉了你一个很实用的呼吸方法：胸腹联合呼吸法，以及在日常生活中你可以怎样简单地运用它。

下一章，我要告诉你一个简单易学的练习声音的方法，教你如何通过练习夯实我们的基本功，找到自己最佳的声音状态。

懒人练声法，
省时省力精进声音

在上一章，我们了解了科学用声的基础是气息，也知道了科学的气息练习方法：胸腹联合呼吸法。并且知道了这样的呼吸方式在日常中的一些应用场景。这一章，我要具体告诉你如何合理地练声，把气息练习的成果自如地用在日常说话中。

在这里，为你介绍一个由我独创的方法，叫懒人练声法。简单解释一下，懒人练声法中的"懒人"二字，并不是指懒惰的人，而是平时工作比较繁忙、学习时间比较有限，但是又有志于改善自己声音的朋友们。这套方法就是为这样的群体专门设计的。它的特点就是简单易学、节省时间，坚持下来会非常有效。这套方法可能会占用你每天 10 分钟的时间，但是日积月累，我相信你的声音状态一定能得到改善，也一定能找到自己声音最佳的状态。

另外一点想向你强调的是，科学用声最终是为了形之于声，让我们的声音达到一个更好的状态。通过懒人练声法，能够很好地把声音和我们上一章说的气息做一个对接，让你真正理解气息如何驾驭声音，气息这个统帅跟声音这个士兵之间的关系是怎么样的。

下面就进入懒人练声法的具体实操。

第一节　气息练习

既然"懒人练声法"是在我们上一章的胸腹联合呼吸的基础上对发声的训练，

我们就需要先温习一下胸腹联合呼吸法。请你坐直或者站直，先把自己的呼吸调匀，然后进入以下声音动程：呼吸无声——两肩放松——胸部放松——喉部放松——气息下沉——小腹微收——丹田用力——两肋打开。请你先自如地呼吸吐纳三次。

在呼吸完了之后，跟着下面的音频示范来发第一个音，这是懒人练声法的第一个音，也是一个非常基础的音——元音 a 音。请你扫描下面二维码跟我一起发：1、2、3，a——。

扫码收听范读

　　"a"音应该说是我们普通话音韵系统当中最基础的元音，它大量出现在我们会遇到的各种音节中。练好一个"a"，我们能解决很大一部分韵母的发音，同时也能让我们很好找到口腔状态和喉部状态。同时"a"音在人的音域中处于中音的范围，我们上一章提到过，中音是日常沟通说话中最常用的音域。和尖锐或过低的嗓音相比，用中音音域的声音说话会让人更有安全感、放松戒备，听起来更有可信度，能更好地表现你的魅力和气质。

发"a"音的时候要特别注意以下几点。首先，要保证喉部处于完全放松的状态，不要给它任何外力，更不要去挤压喉部。其次，要注意平缓地、稳健有力地把我们刚才通过胸腹联合呼吸法所吸进去的那八成满的气完全呼出来，这其实就是把这套呼吸方法用在了发声上。在这个过程中，保持小腹微收的状态至关重要。

请你跟随上面的范读再来找一遍发 a 音时候松弛的状态：吸气，1、2、3，a——。相信有很多的朋友可以将这个音发得更长，这是一件很好的事情。我也建议你边练边慢慢延长发一个音的时间，以训练我们气息的持久和稳定度。气息的持久和稳定将会使我们在口语表达当中更好地驾驭更多种类的语言形式。

我们再来发第二个音——元音 u 音。这第二个音相对于刚才的"a"音要更低一点。在发这个音之前，我们同样先把刚才呼吸的状态再来一遍，以此吸气，达到八成满。然后，缓缓地，徐徐地把它从肺底都呼出来。请你扫描下面二维码，跟我一起发：1、2、3，u——。

扫码收听范读

在发这个音的时候请你把手放在自己的胸口，你将会感觉到胸口在微微振动，这是你的胸腔在进行共鸣。这个音很明显是处于我们声音音域当中比较低的部分。需要注意的是，胸腔是我们重要的共鸣腔，它和口腔不同之处在于，它不可调节，我们只有下意识去寻找它的位置，才能在发音过程中更好地通过共鸣去美化自己的声音，加入适当胸腔共鸣，我们的声音会更圆润、有厚度、有韵味。

发"u"音还有一个好处，它是一个简单的喉部按摩。你平时如果在各种场合说话比较久，感觉到喉部劳累，就可以尝试发一发这个"u"音，在这个过程中，你会觉得声带好像被按摩了一样，有一种放松的感觉，从而有助于缓解声带疲劳。这个功能与发泡沫音对喉部的作用是一样的，但是有许多朋友天生发不出泡沫音，发"u"音无疑是一个更好、更易掌握的放松声带方式。所以，建议你平时多练习"u"音，以此放松你的声带。

放松声带还有一个好处，就是如果记住这样松弛的发声的感觉，进而变成自己的肌肉记忆，能让你在说话的时候懂得如何让声音保持松弛。好声音往往有一个共性，那就是带给人们的听觉感受是松弛、透亮的，切忌紧绷而僵硬。

发完"a"音和"u"音，你还需要了解的是，我们的语言表达有一个口诀，叫作"情取其高，声取其中，气取其深"，意思是好的语言表达，情感的部分要高涨饱满，声音的部分要以中低音为主，气息的部分要深而沉，这样能够保障我们的语言表达总控自如、自然恰切。通过"a"音和"u"音的练习，加上和气息的配合，将中低音域练扎实，对于你声音呈现的品质和声音状态的保持都很有好处。

发完"a、u"这两个音，最后一个音，是一个高音——元音 i。要发好这个高音，对我们气息控制的要求就更高了。发音的时候，你的小腹要更加用力一些，感受小腹紧绷，气息充沛。口腔当中，上下齿保持对齐的状态。请你先扫描下面二维码，感受一下这是一种什么样的声音状态。

扫码收听范读

接下来，还是先使用胸腹式呼吸的方法，吸气，1、2、3，i——。好，有没有感受到这个音比刚才"a"和"u"明显要高出许多，处于我们声音音域的高音部分？

生活中，我们有很多朋友喜欢 K 歌，如果你练好了"i"音，学会了使用高音时的气息控制，对你在 KTV 唱歌时飙出好听的高音也是有帮助的。我们知道，科学的用声，就是要学会用气息控制自己的声音。如果没有经过气息和发声的训练，虽然也能达到自己高音或者低音的声音状态，但是这样的高音和低音是超出了我们的气息驾驭范畴的，当你不能驾驭的时候，自然就会把负担转移到声带上。在那种情况下，你在 K 歌后的第二天声音可能会嘶哑，因为造成了发声器官的损伤。另外，中音虽然是我们语言表达过程中主要使用的音域，但是在诸如谈判等重要的场合，如果你能在适当的位置用好高音或低音的点缀、穿插，那么能够很好增强你的气场，表达你的诉求，达到更理想的交际目的。用一句话来形容，"中间音域是油米面，高低音域是葱姜蒜"，前者是主体，后者是点缀。

通过懒人练声法"a、u、i"三个音的练习，能很好地把气息和发声融合在一起。通过气息来调节声音，驾驭声音。坚持练习，你能感觉到无论是中音、低音还是高音，都在一个你能自如控制的范围当中，也只有在你能自如控制的范围中有效驾驭声音，你才能够真正达到声音、情感以及气息之间的统一，你的表达才能让别人觉得舒服。

第二节　口腔练习

在练习完气息之后，我们将练习的重心转移到口腔，你需要跟我来念四个简单的绕口令。这四个绕口令的练习能够让我们口腔中的各器官在吐字的时候变得更加灵活，从而让我们找到自己在发音时最好的口腔状态。

首先来看第一个绕口令：

八百标兵奔北坡，

炮兵并排北边跑。

炮兵怕把标兵碰，

标兵怕碰炮兵炮。

扫码收听范读

你应该能感受到，在发这个绕口令当中的每一个音的时候，你的上唇和下唇都在很有力地触碰。这个绕口令训练的音，我们称之为双唇音。请你自己读一到两遍，双唇在触碰的时候接触面积要小，触碰力度要强，成阻、除阻的过程时间要短。

我们再来看第二个绕口令，读这个绕口令的时候，我们就要充分调动自己的舌头了。

调到敌岛打特盗，

特盗太刁投短刀，

挡推顶打短刀掉，

踏盗得刀盗打倒。

扫码收听范读

这是一个很有趣的绕口令。在读这个绕口令的时候，舌尖开始在口腔当中有力地运动了起来，在读当中的每个字时，舌尖都在与齿龈触碰，我们同样要保证触碰面积不要过大，触碰时要短促而有力，这个绕口令训练的就是你舌尖用力的状态。

下面是第三个绕口令。在读这个绕口令的时候，每个字都会用到我们舌头的前中部分，也就是舌面部分开始有力地运动起来。

> 七加一，七减一，
> 加完减完等于几。
> 七加一，七减一，
> 加完减完还是七。

扫码收听范读

在读这个绕口令的时候，我们的舌面部分与我们口腔上部前端的硬腭部分触碰，保证短促有力，接触面积不要过大，每一个字都能让我们感受舌面用力的状态。

我们还需要练习最后一个绕口令。同样很诙谐幽默的一个绕口令，每个字都会用到我们舌头的后端，也就是舌根的部位。

> 哥挎瓜筐过宽沟，
> 赶快过沟看怪狗，

光看怪狗瓜筐扣，

瓜滚筐空哥怪狗。

扫码收听范读

在读这个绕口令的时候，我们的舌根与我们口腔上部后端的软腭触碰，发音时同样应保证触碰短促有力，接触面积不要过大，每一个音都能让我们感受到舌根用力的状态。

至此，四个绕口令的练习就结束了。需要注意的是，绕口令的练习不要求快，相声舞台上那种快速的绕口令是为了达到节目效果，我们在练习的时候只需要用正常语速去将每一个音发准确，以达到务实的练习目的。

通过四个简单的绕口令，我们活动开了嘴唇、舌尖、舌面、舌根。也就是说，这四个绕口令读完之后，你口腔的前、中、后部都活动起来了，这是我们每日都要进行的发音前的准备活动。它就类似于跑步，在长跑之前应做一个热身运动，让你身体的各部分机能活动开来，以达到更好的运动状态。

早上刚醒来的时候，我们所有器官都处于非常松懈的状态，需要渐次苏醒。如果你练完"a、u、i"这三个音以及上面四个绕口令，你会发现口部、喉部机能已经苏醒过来了。对于普通人来说，这会让你的口腔更加灵活，口齿更加清楚。如果你语速过快、说话不清楚或者大舌头，这些练习也会对你有所帮助。

本章小结 //

总结一下，这一章我们说了如何发声，告诉你怎样把之前气息练习的成果运用到日常说话中。为了节约你的时间，我教给你了一个懒人练声法。如果你每天能够花 10~15 分钟练习，相信日积月累，一定会在声音呈现上有很大的进步。懒人练声法的另外一个组成部分，就是四个简单的绕口令，也相当于练习吐字的准备活动。下一讲，我将具体为你讲解，如何做到好声音的第二部分，吐字规范。

换气四技巧，
让你的气息更自然

在前面两章中我们已经讲解了如何科学合理地呼吸与用声，也给出了"懒人练声法"这个练声的方式。本章我们就来说说在科学的呼吸方式建立起来之后，如何在语言表达中合理换气、用好气息。我会来带你做"换气"的训练，让你在说话和沟通中，更加自然流畅地运用气息，给你的语言表达加分。

第一节　换气训练的原则

我们日常的口语表达，尤其是在正式场合发言的时候，需要非常精细地去操控自己的呼吸，不浪费一丝一毫的气息。换气训练就能够让我们合理地使用气息，做到气息的"开源节流"。

在进行换气的时候，要注意四个要点，那就是：句子开头的换气要无声到位；句子之间的换气要从容不迫；句子当中的换气要小量补充；句子结尾的换气要自然放松。

怎么理解呢？我带你做个练习。这是《爱德华八世退位演讲》[⊖]里的一段材料：

你们都知道促使我放弃王位的原因。但我要你们理解：在做出这个决定时，我没有忘记在 25 年中我作为威尔士亲王和后来作为国王力图为之尽力的国家和帝国。但是，倘若我告诉你们，如果没有我所爱的这位妇女的帮助和支持，

⊖　英国国王爱德华八世因为深爱一位有夫之妇辛普森夫人并要与之结婚，遭遇英国各界的一致反对，最终"爱美人不爱江山"，选择退位以完成对爱情的追求，这就是他的退位演讲。

我觉得不可能按照我本来的意愿承担起这副重担，履行国王的责任，你们应该相信我。

好了，回到刚才说的换气原则，读这段文字我们要做到：

"句子开头的换气要无声到位，句子之间的换气要从容不迫"，也就是说，在每一句话结束、另一句话开始的时候，要基本保持无声的呼吸，这时候，句子之间我们可以用一个从容的停顿，留出足够的时间去换气。

比如，"你们都知道促使我放弃王位的原因。但我要你们理解：在做出这个决定时，"在这三个分句之间，每句话的结尾我们都有一个明显的停顿，而下一句话的开头我们都在进行无声的换气。

下一个换气要点是："句子当中的换气要小量补充。"这个要点在比较长的句子或者是表达结构比较复杂的句子里更适用。举个例子，"我没有忘记在 25 年中我作为威尔士亲王和后来作为国王力图为之尽力的国家和帝国"，这个句子长而复杂，那么在读到"我没有忘记在 25 年中"的时候要略为停顿换气，接着读到"我作为威尔士亲王"这里时应略为停顿换气，这样在中间补充气息，可以让你的声音行进得更加稳定。这里的换气声音不能太响，也不能特别频繁，而是要润物细无声。

我们再看下一个换气要点，"句子结尾的换气要自然放松"。在整段话最后一句的末尾，我们的最后一口气息不要随意放掉，而是要自然放松，不疾不徐。比如"如果没有我所爱的这位妇女的帮助和支持，我觉得不可能按照我本来的意愿承担起这副重担，履行国王的责任，你们应该相信我。"在"相信我"三字结束之后，虽然这段话已经结束了，但是最后的一口换气还在表达一种藕断丝连的感觉，"相信我"的这个"我"字要虚实结合，这样可以让整段表达更为诚恳、真挚。

扫码收听范读

上面说的都是换气的基本原则。接下来我们说说，在换气原则下，你需要掌握的四个基本换气技巧。当你能够灵活应用的时候，你的气息就能给你的表达锦上添花了。

第二节　换气的四个技巧

在语言表达中，我们最常用的也最能掌握的换气技巧是正常换气，也就是在一句话结束后，另一句话开始前的换气，这看上去好像不需要训练，但我要提醒你的是，在演讲或者朗读的时候，正常换气并不意味着见到标点符号就要停顿，而是要以句子的意思为参照去找到自己的气口，我们还是以《爱德华八世退位演讲》举例：

如果没有我所爱的这位妇女的帮助和支持，我觉得不可能按照我本来的意愿承担起这副重担，履行国王的责任，你们应该相信我。

在读这句话的时候，我们不能完全按标点符号去停顿，在"我本来的意愿"的后面就应该有一个停顿，而"这副重担"与"履行国王的责任"则是连接在一起的。

扫码收听范读

这就是正常换气这一基础技巧的需要注意的地方。接下来，我们来说第二种换气技巧——偷气。

当我们说话速度快或者是内容很长，但没有较长的停顿用来补充气息时候，就需要利用短暂的顿挫，无声地补充气息。这种在听觉上不容易被察觉的换气叫偷气。

偷气的技巧怎么使用呢？一般可以用在稍微有停顿的词尾，也就是紧接词尾，用比较快的速度从口鼻吸入少量的气流。

下面，我朗读鲁迅的小说《孔乙己》里的一段文字，你可以感受一下怎么在句尾进行无声换气：

因为他姓孔，别人便从描红纸上的"上大人孔乙己"这半懂不懂的话里，替他取下一个绰号，叫作孔乙己。

扫码收听范读

在上面这段文字中，整体声音表达的节奏比较舒缓，但因为句子较长，在句中需要补充气息，我们就要尽量无声去偷气，小量补充来保持句意的完整。比如在"因为他姓孔"以及"别人便从描红纸上的"的后面我们都要补充气息。

在生活中，我们需要说一句较长的话来表达意思的时候，就可以用偷气的方法，让我们的声音保持气息稳定，做到气定神闲、从容不迫。

说完偷气我们再来看下一个换气技巧——抢气。

当我们说的句子比较长、节奏急促或者感情强烈的时候，比如发言或者演讲，气息消耗很快，常常要在句子与句子之间或者一个句子中可以停顿的地方急速补充气息。这时候，适当利用抢气，可以形成特殊的声音效果，让我们的语言具有更丰富的表现力。与偷气相比，抢气的技巧速度更快、声音更大、情绪更强烈。

这么说可能有点抽象，我们来看下面这段《丘吉尔的演讲》中的片段：

我们的政策就是用我们的全部能力，用上帝所给予我们的全部力量，在海上、陆地和空中进行战争，同一个在人类黑暗悲惨的罪恶史上所从未有过的穷凶极恶的暴政进行战争。这就是我们的政策。

上面这段话在表达的时候节奏是比较紧凑的，句子中需要连接的部分也比较多，所以就需要我们不停地补充气息，也就是抢气。

需要注意的是，抢气虽然会发出一定的吸气声，但我们也要有意识地去控制，不要让噪音过大，让人听上去有不舒服的感觉。比如说"同一个在人类黑暗悲惨的罪恶史上所从未有过的穷凶极恶的暴政进行战争"，这句之间的抢气声太大，呼吸停顿时间太久，会让听众感觉你无法驾驭自己的气息，听着听着就走神了。

做抢气练习对于气息要求很高，你可以多多练习"懒人练声法"，巩固自己的气息基础。

除了正常换气、偷气和抢气，换气的最后一个技巧是：就气。

在说话的时候，如果我们需要停顿，但又不着急补充气息，就可以利用身体内剩余的气息把话说完，这种换气方式就叫就气。在很多场合，就气不仅可以让说出的语句保持完整，还可以增加语言的感情色彩，让你说出的话更有艺术感。

我们来看朱自清的散文《背影》里的节选，你可以感受句子末尾，就气的换气方式：

这时我看见他的背影，我的泪很快地流下来了。我赶紧拭干了泪。怕他看见，也怕别人看见。

上面这段文字的情感非常饱满，这时候巧妙地使用就气有助于情感发酵，感觉情绪一气呵成。"也怕别人看见"一句不换气，而是用余气慢慢托送出来，就形成了一种非常好的语境氛围。

请多多练习"懒人练声法"里的四个绕口令，每个绕口令尽量让自己从容地一口气说完，练习自己气息的长度，这样我们在表达中用到就气这个技巧的时候就能够更为从容不迫了。

本章小结 //

"换气"是声音产生变化的前提，无论是停连、重音、语气、节奏等任何一个技巧，都是以换气为保障的。

将正常换气、偷气、抢气和就气有机结合在一起，运用到你的语言表达当中去，那么你的气息在表达过程中会表现得更加稳定，你的声音听上去也会从容有力，更有魅力。

规范吐字法，
快速改善你的乡音

普通话的标准定义是：以北京语音为标准音，以北方话为基础方言，以典范的现代白话文著作为语法规范的现代汉民族共同语。这个定义分别从语音、词汇、语法角度对普通话做了科学清晰的定义。但是，并不是每个人都能将普通话讲好。我们印象中，南方人普遍普通话不标准，这是因为南方方言与普通话相去甚远。但其实北方人乃至北京人中的许多朋友，普通话字音也会有瑕疵。本章我会为你从规范吐字的方式以及去除乡音的途径这两方面进行讲解。

第一节　如何规范吐字

普通话的发音看似幽眇难知，其实有着非常清晰的规律可循。在这一章中，我将具体为你讲解怎样发准一个音。

为什么说规范的吐字也是好声音的一部分呢？我们的语音最首要的一个任务是完成交际，如果我们的吐字不规范，那么会在生活当中造成交际的不顺畅，甚至闹笑话。我本人是南方人，来自江浙沪包邮地区的小镇，方言属于吴语区，它的音韵系统与北京语音相去甚远。有一次，我带着北方的朋友在老家游玩，我的母亲向朋友介绍我家边上的千岛湖景区，用地方普通话说："这里有一个 hé 岛，上面有很多 hé 子。"朋友一脸惊诧地问我为什么岛上会有这么多"盒子"，我哭笑不得地跟朋友解释："是猴岛，上面有很多的猴子。"这样的笑话不胜枚举。字音不准确，我们连最起码的交际都完成不了。苏联作家高尔基曾说过："只有优美的歌声才能和中国的汉语相媲美。"这句话生动体现出了普通话的声韵调有一种音韵美、意境美、民族美，而这些美感会因为不规范的表达而被破坏。

当然，我作为一个土生土长的浙江人，都能够把字音学规范，并且成为播音老师，你也一定要有信心。

在讲解如何发准一个音之前，我们需要简单认识一下在吐字时所用到的几个发音器官。简单来讲，它们分别是我们的唇部、齿部、舌部以及腭部，如下图所示。

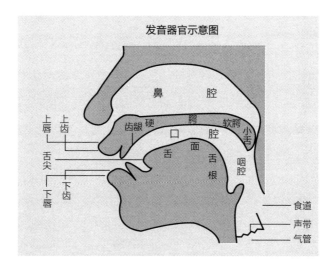

回想一下上一章的四个绕口令，我们在发音过程中已经在充分运用这些发音器官了，这些发音器官之间的有力联动、合理配合促成了我们规范的吐字。

比如，当我们双唇进行触碰的时候会发出 b、p、m 这三个音，我们上一章中的绕口令"八百标兵奔北坡"，练习的就是你的双唇音。

再往里一点，我们的上齿跟我们的下唇进行触碰，会发出 f 这个音，这个音叫作唇齿音。

再往里，就要开始用上我们的舌头了。当我们的舌头跟我们的上齿背触碰的时候，就会发出 z、c、s，这组音被称为舌尖前音，也就是俗称的平舌音。当然了，也有朋友是用舌尖和下齿背触碰的，原则上都可以。只要能清晰发出 z、c、s 这组音就都对。

接下来，我们的舌尖稍微抬起来一点点，跟我们的上齿龈触碰发出 d、t、n、l，这组音被称为舌尖中音。上一章"调到敌岛打特盗"这个绕口令练习的就是这个部位的准确度和灵活度。

把舌尖再往上抬一点，会发出普通话当中非常特殊的一组音，zh、ch、sh、r，这组音被称为舌尖后音，也就是俗称的翘舌音。很多南方的朋友发不出翘舌音，一些东北的朋友也会出现平翘舌音不分的情况。比如，四和十就会说成 shì 和 sí，这就需要对这部分进行有针对性的练习。需要说明的是，翘舌音并不等于"卷舌音"，普通话中唯一的卷舌元音是"er"。

我们再来发一组音，你来感受一下它是哪跟哪触碰发出来的：j、q、x。有没有发觉，同样是发 zh、ch、sh、r 的上腭前部，我们称之为硬腭，但并不是"舌尖"跟它触碰，而是舌头的中段也就是"舌面"跟它触碰，我们称之为舌面音。这时候，你再回头看我们在上一章练习的"七加一、七减一"这个绕口令，是不是有了更深的认识？

最后我们再来看，舌头最后的部分，我们称之为舌根。舌根和上口腔末端的部分——我们称之为软腭，它们俩触碰在一起可以发出 g、k、h 这组音，我们称之为舌根音。也就是"哥挎瓜筐过宽沟"这个绕口令训练的内容。

说到这儿，我们相当于把汉语拼音中声母的部分都回忆了一遍，我们也基本知晓了在发出这些音时基础的发音部位以及发音方法。普通话韵母的部分我会在之后的练习环节为你详细列举。

下面，我们先完整地去发一个音，以此讨论它具体的发音要领。我们一起来看这样一个普通的音节：

百

扫码收听范读

请你扫码收听上面的两个"百"，我们来做一个比较，相信你一定可以听出来，前一个"百"比较标准，而后一个"百"则显得很不标准，那么后一个"百"究竟哪里不标准呢？

百"bǎi"这个音看似很简单，但它其实并没有那么简单。在发音的时候我们需要做到四个发音步骤。我们先简单地把这个音做一个切分，一个字就像一只小动物一样，有它的头部、腹部，还有尾巴。我们可以分别称其为字头、字腹以及字尾。也就是发一个音的开始、中间和收尾。

在发这三个部分的时候有一个讲究，叫"叼住字头、拉开字腹、收回字尾"。

意思是，发字头的时候要用力叼住，具体到"百"这个音，就是之前的字头 b 音要弹发有力，我们刚才所列举的普通话中的那些声母在音节中都作字头，所以它们的发音都很有力度。关于叼住字头，我们有一个很形象的说法，叫作"擒字如擒虎"，意思就是叼住字头的时候就像一只大老虎叼着一只小老虎跳悬崖。如果太用力，小老虎就会被咬死；如果太无力，小老虎就会掉下悬崖。所以，要用巧劲儿。

其次，要把这个音的腹部尽量拉开，发音的时候打开后口腔，把这个"a"音发得尽量饱满。如果这个"a"音发得不够饱满，字腹没有拉开，就会出现刚才错误范读中的问题，这个"a"会显得很扁，也就不标准了。主要元音发得不饱满，很多方言区的朋友在说普通话的时候都会有这个问题。

第三，抓住字尾。在发字尾的时候，你一定记住它，不要把它丢掉了。刚才的错误示范就存在字尾丢失的情况，最后这个字尾"i"不翼而飞了。在发"bǎi"的最后，我们需要把舌头往前再伸一伸，让舌尖去靠近上齿龈，有一个发"i"音的趋势，当然，也不必过分刻意地发"i"音，有一个"归音"的动作即可。

在生活中，叼住字头和拉开字腹这两步很多人还能认真地做到，但是最后一步"收住字尾"往往会被忽视。而我们听一个人发音是不是真的标准，很重要的一点，就是他发一个音的最后是不是会松懈。

所以，以后说话的时候，你做到了"叼住字头、拉开字腹、抓住字尾"，你的发音听上去就已经相对标准了。

关于字头、字腹、字尾的定义，下面的表格会给你一个更为清晰、直观的认知。

例子	字头		字腹	字尾	声调
		介音			
啊 ā			a		一声
吧 bā	b		a		一声
百 bǎi	b		a	i	三声
换 huàn	h	u	a	n	四声
黄 huáng	h	u	a	ng	二声
装 zhuāng	zh	u	a	ng	一声

但是，把这三步都做到位了，并没有大功告成，因为还有一个重要的部分等待我们完善，这个部分应当说是我们汉语普通话所特有的部分，那就是声调。

西方的很多语言是没有声调的，尤其是被誉为世界第一语言的英语。比如，我们用汉语说：这 zhè 是 shì 一 yī 张 zhāng 桌 zhuō 子 zi。英语是：This is a desk。请你读一遍这两句话，有没有感觉到英语相对汉语并没有那么丰富的音高变化？这是因为我们汉语普通话的每个音节都有声调，而英语等语言则不具备这样的部分。

在 bǎi 这个音中，ˇ 的符号就代表声调，它表示的是上声，也就是三声的发音，这个声调要求我们的声音要沉得下去、高得起来，难度还是比较大的，而它的发音并不是随心所欲的，是有一定之规的，不仅是三声，一声、二声和四声的发音也都是如此，如下图所示。

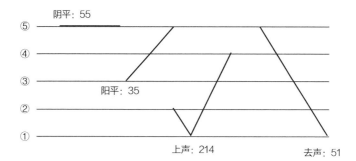

调值五度标记法

上图是由民国时期清华国学四大导师之一的赵元任先生创制的"五度标记法"。我们能清楚看到，四个声调各有各的调值，一声为 55，二声为 35，三声为 214，四声为 51。你可以把声调看作是相对的四个不同的音高，而通过这张形象的图片，你也能够知道为什么我们用 ˉ ˊ ˇ ˋ 这四个符号去对应四声，这其实就是它们的调值走向。请扫描下面二维码，收听 bāi、bái、bǎi、bài 这四个音的正确调值。

有了声调的普通话就会展现出丰富的音乐性，我们也只有将声母、韵母、声调这几者统一起来，才算是将一个字音发完整了。

小结一下，发准一个音要做到四个步骤，也只有做好了这四个步骤，一个音才算是规范标准。首先，要把字头给叼住了，要有力。其次，要把字腹给拉开了，要饱满。第三，要把字尾给收住了，要完整。第四，要把声调发到位，要准确。

这一节我们说了怎么发准一个音。在这节的最后，请你跟我回顾一下上一章中的绕口令，我们来重新练习一下，看看用上了这一章中我们所学习的吐字技巧，你绕口令的练习效果是不是会不一样。

八百标兵奔北坡，
炮兵并排北边跑。
炮兵怕把标兵碰，
标兵怕碰炮兵炮。

调到敌岛打特盗，
特盗太刁投短刀，
挡推顶打短刀掉，
踏盗得刀盗打倒。

七加一，七减一，
加完减完等于几。
七加一，七减一，
加完减完还是七。

哥挎瓜筐过宽沟，
赶快过沟看怪狗，

光看怪狗瓜筐扣，

瓜滚筐空哥怪狗。

你以后自己练习的时候，也要时刻用规范的吐字技巧来要求自己。

说完了规范吐字的通用方法，如果你学有余力，我想再给你补充一个加分的知识点：吐字和用声是相辅相成、不可分割的，"没有离开了气息的字音"。意思是，练好科学的呼吸方法，是规范吐字的保障，而你学会了科学用声，一定要在吐字中合理运用。

要把前两章科学用声的方法和这章规范吐字有机结合在一起，给你一个秘诀，叫"两紧一松"。具体说来，就是吐字用声的时候，要做到小腹紧张用力，口腔发音部位积极用力，而喉部绝对放松。这会让你不仅说话咬字清晰有力，而且喉部自如放松，声音悦耳动听。

下一节，我们还是继续讲"吐字规范"的内容，我会更有针对性地为你解决地方口音的问题。

第二节　快速改善你的地方口音

上一节，我跟你说了发准一个普通话音节的通用方法。在这一节，我会有针对性地为你解决地方口音的问题。

我们每个人出生长大的家乡有着丰富多彩的方言，中国大致有七大方言，分别是：北方方言、湘方言、赣方言、吴方言、闽方言、粤方言、客家方言，它们都是汉语的重要组成部分，也是中国语言文化的瑰宝。但是，由于普通话的音韵系统来自北京话，而方言中各种与北京语音不同的发音就会影响到方言区人们的普通话发音，从而形成了各种"地方普通话"。这也是为什么我们往往通过一个人的口音，可以大致判断出他的故乡。

当下，中国对于普通话的推广应该说是非常成功的，古代中国的政治家在完成了"书同文、车同轨"之后，对于"语同音"却望而兴叹。而得益于科技的进步，无线电的发明以及广播、电视等音视频媒介的诞生，"语同音"这一壮举在我们这个时代基本完成了。而推行"语同音"所付出的代价是方言以及少数民族语言的逐渐消逝，这主要体现在新一代年轻人与方言渐行渐远。这或许是时代发展的必然，然而，当一个年轻人在失去了方言之后，又掌握了一门方言色彩浓厚的普通话或者典型的地方普通话，那么他的"音值"魅力必然大减，甚至可以说他在语音面貌上就输在了起跑线上。

所以，纠正自己的乡音就成为方言区民众提高"音值"的重要途径。如何有效纠正地方口音呢？首先，也是最关键的，是要找到普通话在方言区特别难以辨析的典型的难点音，然后对其进行有针对性的练习，方能事半功倍。这些音，都是有典型地域性和规律性的。

比如，对于华中、西南一带的人来说，n、l这组音就是难点音；对于中国南方大部分地区、东北一带的人来说，平翘舌音就是难点音；对于华北、西北一带的人来说，前后鼻音、j、q、x等音就是难点音。你也可以自我检视一下，看看自己是否存在上述的问题。

上一章我已经为你详细讲解了一个音怎样才能发到位，有朋友就说了，有些音我明明知道该怎么发，但是我就是发不出来，是我的发音器官有问题吗？

对于字的发音，一时半会儿解决不了是很正常的现象，因为跟吐字用声相关的问题就像一个个慢性病，需要我们长久地去治疗，才能够得到有效的缓解，乃至于治愈。

我相信你的时间非常宝贵，不可能像播音专业的同学们那样，每天花大量的时间在纠正字音上。那么，我们同样用简单易学的方法——绕口令，去解决你的字音问题。有针对性地把可能存在的难点音集中在一个个专题绕口令里，进行长时间集中练习，就能起到攻克普通话中难点音的作用。下面我就给你四个绕口令，解决地方口音中最常见的几种难点音。

第一个字音病灶：平翘舌音的问题。我们的平翘舌音主要有这样两组：平舌音 z、c、s；翘舌音 zh、ch、sh、r。这里要注意区别的是，南方方言区的大多数朋友对于翘舌音是"不会发"，因为大多数南方方言中并没有翘舌音，而东北地区的平翘舌音问题，更多的是"分不清"，就是会将翘舌音发成平舌音或者将平舌音发成翘舌音，这些不是发音的问题，而是辨析的问题。扫描下面的二维码，我们听一听这种辨析不清之后的语音面貌。

老师，厕所在哪儿啊？

第二个字音病灶：前后鼻音问题。如 in-ing、an-ang、en-eng，这个问题许多方言区都会有不同程度的体现，前后鼻音的问题比起平翘舌音更为隐蔽，

平翘舌音的辨析问题往往一听即知。比如，将上海 shàng hǎi 发成 sàng hǎi，那么上海本地的朋友应该也能听出是不规范的，而前后鼻音的问题则不容易被发现。比如，将 běi jīng 发成了 běi jīn，即便北京本地的朋友也未必能听出有问题。这就使得前后鼻音问题在纠正的时候会有更大的难度。

我在北京跟朋友坐地铁，人多的时候总要碰来碰去。

扫码收听范读

第三个字音病灶：f、h 的问题。这个问题主要出现在福建、台湾、广东一带，这两个音在发音上基本没有相似之处，辨析的障碍主要还是粤方言与闽方言的发音。

有什么方法可以讲好普通话。

扫码收听范读

我之前有一位学生，他在读《骆驼祥子》里的一个人物"虎妞"的时候，总是说不准。在他嘴里就变成了 fǔ liū。那么他不光是 f、h 不分，还引出了我们下一个字音病灶：n、l 的问题。相信湖南、湖北、四川一带的朋友在这个时候就会会心一笑。n、l 这组音有相同的发音部位，但是发音方法不同，一会儿我会详细为你讲解它的辨析技巧。

老板，给我来一杯牛奶。

扫码收听范读

最后一个字音病灶：j、q、x 的问题。这是一组舌面音，也就是舌面和硬腭触碰发出的音，但是很多女性朋友，尤其是北京的小姑娘会有一些问题，那就是容易将舌尖碰齿背，把舌面音读出了尖音色彩。

我很喜欢看机器猫。

扫码收听范读

这五组常见的难点音，确实有地域性，但你之所以会发不出来，并不是因为这些音特别难，而是因为你的方言里可能没有这些音，或者是这些音的发音与普通话相左。所以，只要先熟悉这些音的发音，然后经常进行练习，就能快速改善自己的错误发音。接下来，我就来跟你说解决这些难点音对应的绕口令。

首先，来看平翘舌音，z、c、s 和 zh、ch、sh、r，我给你两句绕口令，它们能把这几个音都囊括在内。你只要把这一句话翻来覆去多读几遍，就相当于把平翘舌音进行了反复练习。

出租车司机驶出租车，送此住宿人找住宿证。

扫码收听范读

范读中一快一慢，也是我们平时练习的一个范式，你平时在练习的时候，也需要像我刚才在范读中这样一慢一快、一慢一快练习三到五遍，没有出错，这条就可以过了。当然，你在练习绕口令的时候，还是要有意识地注意我们说的基本发音规范，"叼住字头、拉开字腹、归音到位、调值饱满"，这样能够起到更好的练习效果。如果有一天你读这句话可以滚瓜烂熟，没有任何障碍，那你平翘舌音的问题应该就会得到改善了。

其次，来看前后鼻音。我们知道，前鼻音有 in、en、an 这三个音，对应的后鼻音有 ing、eng、ang 这三个音。同样的，下面这个绕口令将囊括以上六个音。

身生亲母亲，谨请您就寝，安宁娘身心，拳拳儿郎心。

扫码收听范读

这里要注意，在读所有前鼻音的字时，舌尖往前送，跟上齿龈触碰，比如身、亲、谨。在读所有后鼻音的字时，舌根往后送，跟软腭触碰，比如生、请、娘。

你应有意识地体会舌头碰触的位置。如果你有前后鼻音方面的困扰，建议你每天读三到五遍。请你同样在一慢一快、一慢一快的节奏中练习三到五遍。

我们再来看下一组音，f、h。这个绕口令在网络上的流传其实非常之广：

黑化肥挥发发灰会发灰，灰化肥挥发发黑会挥发。

刚才说了，f、h 这两个音在读音上并没有任何相似之处。f 的发音是通过上齿和下唇触碰，h 的发音是通过舌根和软腭触碰。所以，如果你感觉对 f、h 的发音辨析不清，就请把上面这个绕口令练到滚瓜烂熟，这两个音就一定能区分清楚了。它只是在你的方言中不常见而已，本身并不难辨析。

接下来是 n、l 这组音的辨析，对于湖南、湖北、安徽、四川等地的朋友来说，这是一组极为顽固的难点音。我们对付它，可以用一个经典的绕口令：

牛郎年年恋刘娘，刘娘连连念牛郎。

关于 n、l 的辨析还有一个小窍门：你可以把手放在鼻头的位置，发 n 音的时候，

你会发觉你的鼻子是振动的；发 l 音的时候，你的鼻子是不振动的。同样，当你把鼻子捏起来的时候，能顺利发出来的，是 l 音，而捏着鼻子发不出来的就一定是 n 音。我们用这个方法去辨析 n、l 就会起到一个很好的认知效果。

我们再来看最后一组难点音，j、q、x。这组音是由我们的舌面，也就是舌头的中部，跟上腭的前部即硬腭触碰发出来的音。这组音的发音，北京地区的小姑娘总是容易出现问题，错发成尖音。把 ji、qi、xi 发成了 zei、cei、sei，这样发出来就不够规范了。同样，通过两句绕口令，我们来进行一个有效的练习。

七巷漆匠偷了西巷锡匠的锡，西巷锡匠拿了七巷漆匠的漆。

扫码收听范读

对于这个绕口令，给你一个建议，在发音的时候特别留意不要让自己的舌尖部分去触碰齿背，同时慢速练习的时候你可以夸张一些，把每个音发得非常饱满，这样有助于你更加有效地认知发音部位。

以上五组难点音我们通过绕口令的方式为你讲解了一遍。建议你每天花 10 分钟的时间把这些绕口令反复练习。如果感觉有一些音你没有问题，也可以将其作为练声的材料进行练习，然后重点练习那些你感觉有问题的绕口令。相信你在不久的将来就能有效改善自己的发音了。

本章小结 //

这一章，我为你讲解了规范吐字的基础要领并认识了普通话中那些常见的难点音。接下来，需要你每天花时间进行练习，口耳之学，来不得半点虚假。行内有句话叫"一天不练自己知道，两天不练同行知道，三天不练观众知道"。初学者在练习的时候也要以同等标准去要求自己。下一章，我会继续为你讲授如何更好清晰吐字的其他要领。

控制口腔法，
让吐字发音更清晰

上一章我们讲解了规范吐字的基础技巧，本章我们要进一步学习怎样调动口腔的吐字器官，达到自身吐字发音的最佳状态。

要合理有效地控制口腔，就要求我们对口、齿、唇、舌这些发音器官的联动进行有效控制。具体应该怎么做呢？我给你介绍四个有效的动作：提、打、挺、松。

以下，我具体介绍一下怎么练习这四个动作。

第一节　提颧肌

先说提，也就是提颧肌。

颧肌是我们面部的表情肌肉，颧肌收缩可以拉动嘴角上扬，让人呈现出微笑的表情，这条肌肉的位置大致就在颧骨和上唇外侧到嘴角的部位。通过下图，我们可以找到颧肌的具体位置。

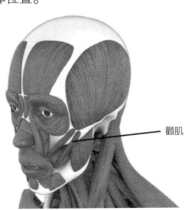

颧肌

在说话的时候，颧肌是一个中心着力点，提颧肌能让我们感受到整个面部有一个左右伸展的拉力，带动口腔前端、上腭等部分的舒展。

为什么要做这个动作呢？好处就是我们的唇部，尤其是上唇，会贴住上齿，展现出更大的发音力度，让我们的声音能够更积极，音色更亮，还能极大地改善吐字过程中声母、韵母的发音状态。

不仅如此，提颧肌的时候，以颧肌为中心的口腔周围的表情肌也会跟着收缩，让我们的语言出现不同的感情色彩。比如，当我们的面部呈现微笑状态的时候，大脑也会出现喜悦的情绪，我们的声音也会跟着变得舒服明朗。

怎么训练提颧肌呢？很简单，我们可以咬一根筷子，去找到颧肌上提的感觉。

需要注意的是，提颧肌并不是简单地对颧肌进行提拉收缩，"提颧肌"与生活中的"微笑"还是有差别的，生活中自然流露的微笑，上唇是放松的，而提颧肌达到的感觉，上唇是积极紧张的，我们要尤其注意控制力度，不然说话的时候，我们的脸上就呈现出假笑的状态了。

第二节　打开牙关

说完提，再来说打，打开牙关。也就是打开后槽牙，增大下颌的开度。打开牙关不是简单"张嘴"就行了，它要求的是增大口腔后部上下槽牙间的距离。这种感觉就像我们在嚼口香糖的时候，上下槽牙间有距离的感觉。

打开牙关的目的是增大口腔开度和口腔容积，这不仅会使你的声音在口腔中产生更丰富的共鸣，还会扩张声音从喉部到口腔的通道，这样你的声音会更加通畅明亮。另外，口腔容积增大，也给我们发音的重要器官——舌部，创造了活动空间。这样一来，我们发出的字音就会更准确、更清晰。

那怎么锻炼牙关呢？我们可以学习"狮子大开口"这样的动作，去夸张地寻找上下牙关之间的距离感。

我想提醒你的是，在发音的时候，除非是在特殊语境下追求效果，否则千万不要咬着牙关说话，因为这样不仅会给人一种咬牙切齿恶狠狠的感觉，韵母往往也会很不饱满，字音会很扁，说出来的话也会含混不清。这种表达会极大影响我们与他人的社交，不利于塑造我们的声音形象。

第三节　挺软腭

接下来是挺，也就是挺软腭。

软腭位于口腔后部，就是我们发 g、k、h 的那个部位。

软腭与咽部肌肉配合，控制咽部闭合，对于呼吸、吞咽、语言等功能起到重要作用。所以我们在发音过程中，如果在打开牙关的时候能调动软腭，让它适度挺起来，就可以合理增加口腔空间，同时增大口腔共鸣的效果，这么做能够发挥后声腔的共鸣作用，使声音宽厚、结实。同时，还能提高发音的效率和声音的明朗度，使字音传播得更远、更加清晰。

要找到挺软腭的感觉，最好的方式就是体会"半打哈欠"时候的口腔状态，这个时候软腭挺起得恰到好处。你可以试一试。

你还可以想象这么一个场景，当你突然听说了一件很意外的事情时，一定会惊奇地发出一个"á"音，在这个时候，你的软腭就是挺起的状态。

要想练习这种感觉，你还可以把我们"懒人练声法"中的绕口令"哥挎瓜筐过宽沟"拿出来一字一字慢慢练习，这组绕口令里的 g、k、h 叫作舌根音，恰好是舌根与软腭之间触碰发出的音。多多练习，可以让我们很好地找到软腭部位并且熟练掌握提升软腭的动作。

我还想告诉你的是，如果软腭挺得太过分，就会使声音听上去显得非常靠后，像是压着喉咙在说话，显得很不自然。许多男生为了让自己的声音听上去更浑厚会有意把声音后靠，将软腭过分挺起，这样其实就压喉了，这种发音方式是不利于声带健康的。要想把软腭挺到恰到好处，我们要反复练习，掌握好其中的度。

第四节　松下巴

最后一个动作是松，指松下巴。

在练习发音的时候，初学者往往在打开牙关时，也带动了整个下巴的用力，或者有时候为了增强吐字的力度，会去挤弄下巴，满口用力，这就本末倒置了。

下巴是我们在发音过程中需要尽量少用的一个面部器官，如果在发音过程中，你的下巴太用力，会带动整个下颌、下唇处于紧张状态，连带你的整个舌头也变得不自如，发出来的声音会给人非常局促的感觉。声音显得很刻意、不自然。

想缓解这种状态，松下巴是最简单的一个方法，你只需要在发音的时候不给下巴外力就可以达到效果。这是因为放松下巴，可以连带放松喉部，让你的声带松弛，发音舒展。

如何练习呢？要找到松下巴的感觉，你可以在吃西瓜或者其他瓜果类食品的时候，尝试去找用上齿啃瓜皮的感觉，当你感受到完全不用下齿的时候，下巴就是放松的了。

本章小结 //

提、打、挺、松，也就是提颧肌、打开牙关、挺软腭、松下巴，这四个动作结合在一起，能够最合理地扩大口腔容积，让我们的口腔形成一种"前紧后松，上提下松"的感觉，这是我们的口腔在发音过程中的一个最合理的状态。在这种状态下，我们发出的声音会更加饱满明亮，而且我们发出的字音也会更加圆润清晰。

需要注意的是，这四个步骤在实践过程中并不是渐次进行，而是同时进行的。

你可以仔细体会一下：提颧肌和挺软腭，是在口腔上部发生的；打开牙关和松下巴是在口腔下部发生的，这是一对相反的作用力。我们在练习的时候，要尝试去合理拿捏各种力度的平衡感，千万不要机械照搬，在提颧肌的时候把下巴也提起来或者在松下巴的时候把软腭也松下去。多多练习，你就能逐渐掌握这中间的平衡关系。

下一章，我要告诉你如何在生活中综合运用你学到的用声技巧，让你通过声音，获得更多个人魅力。

合理表达法，
声音展现个人气质

在此之前，我们已经把科学用声和规范吐字的方式进行了详细的讲解。如果你已经可以用这两条腿走路了，你就会发觉，无论是科学的用声还是规范的吐字，归根结底都是为了我们日常的表达。这个表达可以是日常说话交流，也可以是进行朗读、朗诵，更可以是会议演讲、公开发言。总而言之，就是一种声音的外在表现，这种表现力的大小可以直接决定你的声音魅力和个人气质。

一个人有标准的字音或者科学的发声，并不意味着他的声音就可以在应用中展现魅力。良好的音质是声音魅力的基础，而音质的合理展示才是声音魅力的真谛。声音能够合理展示的核心要义在于"变化"二字，变化的驱动力在于内在情感。这里我们需要重温一下之前的内容中我们所说的"情感是君王，气息是统帅，声音是士兵"。语言表达之所以能够千变万化，是因为"情感"的内在驱动，情感流淌的外在形式，在于声音形式的高低、强弱、快慢、明暗的对比变化。

我们的语言表达一定要在这几个指标上不断变化，我们所使用到的语言技巧都是为这几个指标的丰富变化而服务的。在专业的播音教学体系当中，语言表达技巧是一个庞大的理论体系，包含所谓"内三外四"这样的技巧系统，这里我们不做细说。对于大多数非播音专业的朋友而言，我只需要你掌握八个字：虚实结合、刚柔相济。

什么叫虚实结合、刚柔相济？这里简要解释一下。首先，我们在用声的时候，在一些情况下因为情感的驱使，用声需要结实有力一些；而在另一些情况下，因为情感的驱使，用声需要轻柔抒情一些，它们的关系是实声为主、虚声为辅。虚实声的喉部控制请参看下图。

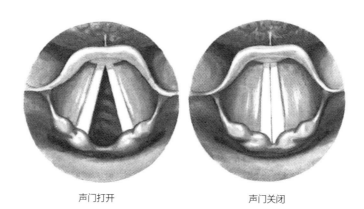

声门打开　　　　　　　　　　　声门关闭

在发声过程中，声门关闭的情况下，气流冲击声带发出的音就是实声；声门打开少许，发出的音就是虚声；声门完全打开发出的音，就是气声。这就是在虚实声转换过程中我们声带的状态。所以，在具体应用气息去统领声音时，主要的诀窍在于我们发声时声门开闭大还是小。当声门开闭较大时，就会发出偏虚的声音。而当声门开闭较小时，我们就会发出比较实的声音。也就是说，最直接有效的去传递情感这位君王发出的指令的方法，就是在控制声门的大小。这就能够调整声音的虚实，来调节你想表达的情感的程度。

"刚柔相济"中的"刚柔"二字则表现在我们声音的强弱、快慢、高低等多方面指标的对比变化上，这需要我们对声音有非常精细的操作，以展现出声音的层次。

为此，我为你总结出了日常表达较为合适的声音呈现状态，分别是：1，虚实声；也就是我们声音所谓的实声为主，虚实结合。2，中低音；如前文所述，以自己的中低音域为主要的发声区域。3，慢节奏；总体语言节奏保持较慢状态，穿插快节奏的变化。4，画面感；让自己的语气恰切，使得自己的语言表达具有较强感染力，令听众能够实时进行情景再现。

那么具体应当如何训练呢？我们可以借用朗读的形式来摸索，朗读朗诵是我们练习语言表达最好的一种方式，它不仅可以让我们习惯长难句、复合句的表达，同时能够积累大量规范而优美的语言表达素材，运用到日常表达当中，以提升我们的整体语言面貌和品位。

接下来，我们进入到一段朗读实操当中。

真正的忘记并非不再想起，而是偶尔想起心中却不再有涟漪。

扫码收听范读

听完刚才这段朗读，你会发觉朗读者用声相对还是比较科学的，吐字也比较规范。但是，我们总觉得好像少了点什么。他好像没有很好地打动我们，为什么？就是因为他在表达的时候没有做到"虚实结合，刚柔相济"这八个字，所以声音没有体现出层次，这样就缺乏了打动别人之处。

请你再听一遍我的朗读，我们来做一个对比。

真正（着重）的忘记＼并非不再**想起**（虚、着重），而是**偶尔想起**（虚）＼心中却不再有**涟漪**（虚、着重）。

好，我已经为你把相应的语言技巧在文中标记出来了，你可以根据我做的标记来进行一番练习。

简要分析一下我在朗读的时候是怎么处理的。通过分析这段文字，我们可以感受到，这句话总体可以用一种惆怅的语气来表达。第一个分句，是以一种偏实声的方式来进行表达的，刚才说了，偏实声的话声门就要闭合，这需要你有效控制喉部气流通过的方式。第二个分句，我把它切分为了两个部分，"并非不再"和"想起"中间有了一个小小的停顿。前半部分"并非不再"这四个字同样偏实一些，声门尽量闭合；"想起"偏虚一些，声门打开一些。这样一来，声音的层次感立刻就出现了。而我们如果像第一种朗读那样，只是用一种声音、一个语调去读的话，这种层次感是不会彰显出来的。

接着往下看，下一个分句，我们总体用一种虚声来处理会更加抒情，"而是偶尔想起"，这里送气会比较多。最后一句话，同样实声虚声结合在一起，把它分成三个部分。三个部分中间有停顿，"心中"有一个小停顿，"却不再有"再有一个小停顿，这两个地方都以实声为主进行表达。而最后"涟漪"以虚声做一个结尾，感觉余音绕梁、意味深长。

通过这段朗读，我们也可以明白一个表达规律。我们的各种声音指标，比如高低、强弱、虚实、快慢、明暗等，它们往往是穿插对比进行的，所谓欲扬先抑、欲抑先扬，欲快先慢，欲慢先快，欲高先低、欲低先高等，都可以成为我们在语言表达时的指导原则。

到这里你可能要问了，这样的表达方式，我们在日常生活中也可以运用吗？当然可以。在我们身边，有许多朋友们会因为自己的大嗓门被他人所诟病，声音的扎实有力本身是一件好事，也能显得一个人性格的耿直、爽朗，但是不分场合、不分对象地一味用实声去进行言谈，就会显得强势鲁莽，就会在不经意间冒犯别人，从而影响到自己的境况。社会当中的许多暴力事件，往往就是一两句话的表达不当造成的。而当虚实声结合在一起的时候，你就会发觉，你的声音瞬间有了一种审美的抒情意境。在表达中恰当运用虚声，则会使我们的语气柔和，不仅能让听的人更容易接受你说的话，更能有效减少社会治安问题的发生。一个和谐的社会，建立在语言生活和谐这个基础之上。

在为你进行日常交流时的场景示范之前，我们先来认识一下人与人交流的时候应该遵循的一些话术原则。

人际交流千变万化，但是归根结底我们总结为两个字，那就是"尊重"，只要我们交际的对象能感受到尊重，那么合作的事项会往好的方向发展；而如果他感到了不尊重，那事情往往便会走向对抗。总结一下，语言交际的过程中，我们应当遵循三个基本原则。

第一个原则为合作的原则。这条原则提示我们，跟任何人说话都一定要抱着一种合作的态度。在你的生活当中一定会有这样一种人，无论你说什么，他接下来都会说一些带刺的话，来挑你的不是，或者去彰显他比你更强，这样的人在交际中就会非常不受欢迎。

第二个原则为赞美的原则。在语言交流中，我们对于交流的对象，一定要着力去发现他的优点，然后组织语言去赞美这些优点。任何人都渴望被夸奖、被赞美。当你以一种合作的态度总是去夸奖对方，那么他一定会非常喜欢你。

第三个原则为卑己尊人的原则。在语言交流中，我们不仅要赞美对方，也一定不能表现得太自信，避免锋芒毕露、咄咄逼人，要表现出虚怀若谷。要把对方摆在自己之上，这样才能体现出对他的尊重。

合作的原则、赞美的原则和卑己尊人的原则，这三个原则就是我们进行日常交流时遣词造句的基本原则。

接下来，我们就结合前面说的"虚实结合"的表达方式，在日常交流的场景中，看看这三个原则怎么用。

场景一

错误示范：

"关于这件事，我还有一个问题没弄明白，我想请问一下……"
"噢，这事跟我没关系，我不负责这个。"

扫码收听范读

正确示范：

"关于这件事，我还有一个问题没弄明白，能不能请教你一下……"

"这个其实我也不是特别清楚，因为不负责这一块，但您别着急，可以再问问别的部门，我也可以帮您再打听一下。"

扫码收听范读

你看，第一段对话中"这事跟我没关系，我不负责这个"，虽然是彰显事实的一句话，但这样的话术就显示出了不合作、拒人千里之外，这客观上会显示出一种轻蔑。而第二种话术，可能结果依旧是你不太清楚，但是"我也可以帮您再打听一下"，就体现出了"合作"，让别人感受到了尊重。再加上第二段对话中虚实结合的声音的运用，对方就能明显感受到善意，最后你是否帮助他打听就已经不重要了，对方对于这次交流一定是满意的。这就是合作原则在生活中的应用，也是虚实结合发挥效用的体现。

场景二

错误示范：

"这个项目我做了一个月，不大，但是这是我第一次做项目。"

"这个项目，我三天就能做完。"

正确示范：

"这个项目我做了一个月，不大，但是这是我第一次做项目。"

"第一次做项目就能做成这样，真的很不错。"

在错误示范当中，回答者盛气凌人，夸耀了自己，而轻视了对方，势必会导致对方的反感，即便没有当场发作，也会在对方心里种下仇恨的种子。而第二句就很好地使用了赞美的原则，会给对方以鼓舞，从而给自己的人格加分。同样，"真的很不错"这里加上了一点虚声，让人听上去赞美得更加走心，更加真诚。不要小看了这样一句话，它有的时候可以决定你职场的成败。

关于第三个原则，"卑己尊人"，我想说一个发生在我身上的例子。我之前参加一个研讨会，在发表了一个观点之后，一位学者针对我刚才的发言说："郑老师年轻有为啊，刚才一番话让我感觉醍醐灌顶，受益颇多。但是我这还有一点疑问想与郑老师商榷。"

你看，其实他要表达的核心意思是，我跟你的观点不同，但是他先通过"赞美原则"将我夸了一通，又通过"卑己尊人"的原则表现了自己的谦逊，整段说辞严格遵循了"合作原则"，将意见相左可能造成的对抗意味降到了最低。你想想，如果对方一拍桌子说："你说得不对，我跟你观点不一样。"接下来双方可能就会大肆争吵起来，而争吵的结果只会使争吵双方偏执地捍卫自己的观点，这有悖于学术探讨的氛围。所以合作的原则、赞美的原则和卑己尊人的原则在语言交际中非常重要。

我们再来看一些更加真切的应用场景，将我们的表达原则进一步学以致用。你会发觉，只要巧妙地控制喉部，我们的生活就会变得更加美好。

你也许是别人的领导，也许是别人的下属，也许同时身兼领导与下属这双重身份。在工作的语言交际当中，把握好自己的语言分寸，往往可以事半功倍。我们已经反复提到了"虚实结合"这个表达要义，而其在实际应用当中还可以进一步细化。比如，当下属向领导汇报或者建议的时候，应该秉持"虚实结合，虚声为主"的原则。比如："**您提出的规划蓝图我们都认真学习了，第三条第一款（实）咱们看是不是再商议一下（虚）。**"在这句话当中，下属要建议领导对方案做出一些具体修改，这种下对上的话术，语气要尤为恰切，既要保证不让领导不悦，又要提出自己的合理看法。所以，整体的语气是偏虚的，但是到比较具体的修改条目时声音变实，既能保证礼貌，又能明确修改的目的。而当领导对下属说出同样意思的时候，语气就要相应做出调整，要做到"虚实结合，实声为主"。比如："**你的规划我都认真看了，第三条第一款（虚）咱们看是不是再商议一下。**"领导在跟下属说话的时候，要保持一种庄重与威严，语气可以非常亲切，但是声音总体要偏实，要让下属感受到一种力量感，但是又不可过于生硬，否则会让下属感觉咄咄逼人。所以，在上面这句话中，总体保证实声的控制，"第三条第一款"这里虚声处理，感觉不是什么大的问题，最后"再商议一下"语势上扬，可以让下属感觉比较放松，没有挫败感。

自己团队内部尚且要秉持上面的这些表达原则，团队之间的碰撞就要更加讲究技巧。比如，在谈判桌上，声音的合理应用可以很好展现出你的气场，达到更好的谈判目的。在一般性的谈判交流过程当中，彼此之间总体保持礼貌和克制是应有的态度，中低音的使用可以让对方感受到你方的诚意和素质。但是在一些原则性问题上相持不下时，适当使用自己结实有力的高音，可以事半功倍。比如，**"贵我双方在大多数问题上已经达成共识，但是在纳税（高）这件事情上，我方坚持还是不要走捷径了"**。此时，在"纳税"这个关键词上使用强而有力的高音，可以让对方感觉到我方对于此问题的坚决态度，同时通过"刚柔相济"的表达，也不会让对方感受到过分的压迫从而起到适得其反的效果。这就是"懒人练声法"中练习高音在工作中的学以致用。当然，这需要我们平时用更多时间来锤炼自己的各个声区，否则因为表达不当、关键时刻闹笑话这样的事情相信你在现实生活中也不少见。

再分享最后一个应用场景，这也是我最想告诉你的。在生活当中，有一种关系不是血缘关系，但却是最亲近的人伦关系之一，这就是夫妻或男女朋友关系。很多时候，我们会在语言上忽视最亲近之人的感受。生活中，我看到了太多人对待陌生人时，打扮精致靓丽，说话彬彬有礼，但在对待自己的另一半时，却不拘小节、吆五喝六，这是不是一种本末倒置呢？这对于两人之间的关系是不是一种慢性自杀呢？所以，我建议你在练好了自己的语言表达之后，首先应将自身语言最美的一面展示给你的另一半，日常的表达和措辞无不让他\她感受到一种暖意，婚姻的经营，爱情的延续，不是逢年过节偶尔为之的浪漫，而是建立在日常点点滴滴的语言表达当中。

讲到这里，我想你已经对"虚实结合"的技巧以及"表达三原则"的结合使用有了一定的概念。

本章小结 //

这一章我们学习了如何在你日常生活的表达中用上科学用声和规范吐字，让别人更愿意听你说话，让你的声音成为生活中的魅力工具。我教给你"虚实结合、刚柔相济"的用声方法，让你的声音有层次、有变化，更真诚。给了你日常对话中的三个话术原则：合作原则、赞美原则和卑己尊人的原则。这两点结合起来运用，相信一定会让你在声音好听的同时，也能让人更愿意听。

接下来，我们就会进入到 21 天练习的训练材料当中，在练习之前，我还有一番肺腑之言要跟你交流。

我学习播音主持专业并从事播音主持教学，已经有将近 20 年的时间了。在这期间，我由一个南方方言区的孩子渐渐成长为专业的播音主持老师，并开始在专业院校进行语言表达的教学。

我自己深知一点，那就是跟语言表达相关的任何理论本身都只是纸面文章。如果你不进行练习的话，一切都只是空谈。所以，想要真正习得我们刚才所讲解的这些原则和方法，需要你在时间上实实在在的付出。

时间也不用太多，我给你一个简要的公式，（5+5+10）×365= 准专业。什么意思呢？每天进行 5 分钟的科学用声方法的基本练习，再加上 5 分钟的"懒人练声法"的基本练习，再加上 10 分钟"21 天"中每日训练材料的练习。这 5+5+10 乘以 365，我相信你一定能学有所得。

最后，我为你准备了一张"护嗓清单"，希望每一位读者都能有一副健康的嗓子。

护嗓清单

建议：

1. 在用声前，尽量避免跑步等运动，因为无论是长跑还是短跑，都容易在呼吸的时候摩擦声带、刺激喉部。
2. 保持充足的睡眠。良好的睡眠能让喉部松弛，发声省力。
3. 禁烟酒，避免摄入太过辛辣刺激的食物，用声前不要吃得太饱。
4. 多喝水，尤其是温热的白水。
5. 每日坚持用淡盐水漱口，也可以从鼻腔滴入少许淡盐水，这样的习惯能很好地消除喉部炎症。

练习篇

声入人心
21 天让你的声音
更有魅力　　　> >>

▶ 今日词条

普通话

普通话是以北京语音为标准音，以北方话为基础方言，以典范的现代白话文著作为语法规范的现代汉民族共同语。

普通话语音特点

普通话语音特点为简单、清楚、表达力强。北京语音音系比较简单，音节结构形式较少；音节中元音占优势，清声母多，听起来清脆、响亮；声调系统比较简单，但变化鲜明；音节之间区分鲜明，使语音具有节奏感；词汇双音节化，词的轻重格式区分及轻声、儿化的使用使语言表达作用更加准确、丰富。

扫码收听字词
范读并跟读

字音训练

声母 b，韵母 a、o 的训练

声母 b 单音节练习

八·bā	跛·bǒ	笔·bǐ	部·bù
百·bǎi	宝·bǎo	搬·bān	贲·bēn
邦·bāng	蚌·bèng	别·bié	悲·bēi
裱·biǎo	便·biàn	鬓·bìn	兵·bīng

声母 b 双音节练习

八宝·bā bǎo	鄙薄·bǐ bó	版本·bǎn běn	宝贝·bǎo bèi
摆布·bǎi bù	褒贬·bāo biǎn	背包·bēi bāo	奔波·bēn bō
爸爸·bà ba	标榜·biāo bǎng	表白·biǎo bái	臂膀·bì bǎng
辨别·biàn bié	病变·bìng biàn	步兵·bù bīng	

韵母 a 单音节练习

阿·ā	巴·bā	擦·cā	达·dá	旮·gā
乏·fá	哈·hā	辣·là	扎·zhā	拿·ná
马·mǎ	帕·pà	洒·sǎ	他·tā	卡·kǎ
挖·wā	杂·zá	杀·shā	查·chá	

韵母 a 双音节练习

爸爸·bà ba	妈妈·mā ma	发达·fā dá	砝码·fǎ mǎ
打靶·dǎ bǎ	打发·dǎ fa	打蜡·dǎ là	鞑靼·dá dá

哈达·hǎ dá　　喇叭·lǎ ba　　　拉萨·lā sà　　　马达·mǎ dá

哪怕·nǎ pà　　沙发·shā fā　　　邋遢·lā ta　　　蛤蟆·há ma

韵母 o 单音节练习

哦·ò　　　　播·bō　　　　破·pò　　　　墨·mò　　　　佛·fó

韵母 o 双音节练习

波浪·bō làng　　波澜·bō lán　　博览·bó lǎn　　博物·bó wù

反驳·fǎn bó　　停泊·tíng bó　　泼墨·pō mò　　破案·pò àn

湖泊·hú pō　　琥珀·hǔ pò　　摸索·mō suǒ　　摩擦·mó cā

模拟·mó nǐ　　膜拜·mó bài　　漠视·mò shì　　佛经·fó jīng

声母 b 四音节练习

百炼成钢　　　波澜壮阔　　　暴风骤雨　　　壁垒森严

百发百中　　　不约而同　　　暴跳如雷　　　跋山涉水

韵母 a 四音节练习

阿拉巴马　　　马到成功　　　法力无边　　　大名鼎鼎

他山之石　　　拿手好戏　　　察言观色　　　杂乱无章

韵母 o 四音节练习

拨乱反正　　　婆婆妈妈　　　磨磨蹭蹭　　　佛学经典

播土扬尘　　　破釜沉舟　　　墨守成规　　　博学多才

绕口令朗读 //

b 音
八百标兵奔北坡，
炮兵并排北边跑。
炮兵怕把标兵碰，
标兵怕碰炮兵炮。

a 音
爸爸妈妈和达达
三人在家学画画
达达画爸爸，爸爸画妈妈
妈妈画完达达画爸爸
爸爸、妈妈、达达乐哈哈

o 音
婆婆让伯伯去拜佛
伯伯磨磨蹭蹭想吃馍
婆婆默默做馍给伯伯
伯伯吃完摸摸肚子去拜佛

古文朗读

颂古五十五首（其一）

（宋）释绍昙

春有百花秋有月，

夏有凉风冬有雪。

若无闲事挂心头，

便是人间好时节。

朗读贴士 //

这首诗是宋代高僧无门慧开禅师释绍昙所做的颂偈，记录在其佛学典籍《无门关》一书当中，用佛学去向世人揭示一个生活哲理：无论是春天、夏天、秋天还是冬天，任何一个季节都有绝好的风景，只要人心中无"闲事"挂碍，那任何一个日子都是人间最好的时节。这首诗词句优美、质朴，但义理深厚，回味无穷，千百年来为佛教弟子以及世俗民众所喜爱。朗读时基调沉稳大气，语气略带悟道之后的欣喜，有一种劝慰世人放下心中执念的表达目的。语势在沉稳中充满变化，切忌一平到底。

朗读技巧标记版 //

彩字重音，\ 停顿，^ 连接，o 虚声送气

语势上扬╱ 语势下降╲

春有╱百花\秋有╱月，

夏有╱凉风╲冬有╲雪。

若无╲╲闲事╲╲挂心头︿，

便是╱人间o╲╲好时节。

现代文朗读

春（节选）

朱自清

"吹面不寒杨柳风"，不错的，像母亲的手抚摸着你。风里带来些新翻的泥土的气息，混着青草味儿，还有各种花的香，都在微微润湿的空气里酝酿。

鸟儿将窠巢安在繁花嫩叶当中，高兴起来了，呼朋引伴地卖弄清脆的喉咙，唱出宛转的曲子，与轻风流水应和着。牛背上牧童的短笛，这时候也成天在嘹亮地响。

雨是最寻常的，一下就是三两天。可别恼。看，像牛毛，像花针，像细丝，密密地斜织着，人家屋顶上全笼着一层薄烟。树叶子却绿得发亮，小草也青得逼你的眼。傍晚时候，上灯了，一点点黄晕的光，烘托出一片安静而和平的夜。

乡下去，小路上，石桥边，有撑起伞慢慢走着的人；还有地里工作的农夫，披着蓑，戴着笠的。他们的草屋，稀稀疏疏的，在雨里静默着。

天上风筝渐渐多了，地上孩子也多了。城里乡下，家家户户，老老小小，他们也赶趟儿似的，一个个都出来了。舒活舒活筋骨，抖擞抖擞精神，各做各的一份事去。"一年之计在于春"，刚起头儿，有的是工夫，有的是希望。

朗读贴士 //

这篇《春》，写于1933年7月，当时作者朱自清刚从欧洲游学归国，开始担任清华大学中国文学系主任，同时与陈竹隐女士结婚，并且不久喜得贵子，可谓多喜临门，春风得意马蹄疾。这篇文章字里行间都洋溢着幸福和希望。这篇文章的基调非常欢快，节奏也较为多变，虚实结合处较多，朗读时面带笑意，切忌单一实声表达，容易破坏全文温馨的氛围。

朗读技巧标记版 //

彩字重音，\ 停顿，^ 连接，o 虚声送气

"吹面不寒杨柳风"，不错的，像母亲的手 \ 抚摸着你。风里 \ 带来些新翻的泥土的气息，混着青草味儿，还有各种花的香，都在微微润湿的空气里 \ 酝酿 o。

鸟儿将窠巢 \ 安在繁花嫩叶当中，高兴起来了，呼朋引伴地 \ 卖弄清脆的喉咙 ^，唱出宛转的曲子，与轻风流水 \ 应和着 o。牛背上 \ 牧童的短笛，这时候 \ 也成天 \ 在嘹亮地响。

雨＼是最寻常的，一下＼就是三两天。可别恼。看 o，像牛毛＾，像花针＾，像细丝 o＾，密密地＼斜织着，人家屋顶上＼全笼着一层薄烟。树叶子＼却绿得发亮，小草＼也青得逼你的眼。傍晚时候，上灯了 o，一点点黄晕的光＾，烘托出一片安静而和平的夜。

乡下去，小路上，石桥边，有撑起伞＼慢慢走着的人；还有＼地里工作的农夫，披着蓑，＼戴着笠的。他们的草屋，稀稀疏疏的，＼在雨里静默着 o。

天上风筝＼渐渐多了，地上孩子＼也多了。城里乡下，家家户户＾，老老小小，他们也赶趟儿似的，一个个都出来了。舒活舒活筋骨＾，抖擞抖擞精神，各做各的一份事去。"一年之计＼在于春"，刚起头儿，有的是工夫，有的是希望 o。

第二天　Day 2

今日词条

声母

声母是音节的开头部分，传统的名称叫"字头"。声母由辅音充当，而辅音的特点是时程短（除擦音外）、音势弱，很容易受到干扰，也很容易产生"吃字"现象，从而影响语音的清晰度和准确度。一般来讲，发音的准确度表现在声母上，演播中语音含混不清与声母有直接关系。声母是吐字准确、清晰的基础，所以播音员和节目主持人必须认真练习声母的发音，努力做到"咬得准、发得清"，使整个音节完整、清晰。

韵母

韵母是音节中后面的部分，韵母由韵头、韵腹和韵尾三部分组成。韵头通常由 i、u、ü 来担任；韵腹是韵母的主要角色，分别由 10 个单元音担任；韵尾由 i、o、u 和两个鼻辅音 n、ng 担任。普通话里一共有 39 个韵母，其中单韵母有 10 个，复韵母有 13 个，鼻韵母有 16 个。

字音训练

声母 p，韵母 e、i 的训练

声母 p 单音节练习

帕·pà	魄·pò	劈·pī	铺·pū
跑·pǎo	剖·pōu	潘·pān	盆·pén
庞·páng	朋·péng	撇·piē	牌·pái
陪·péi	飘·piāo	篇·piān	品·pǐn
瓶·píng			

声母 p 双音节练习

评判·píng pàn	婆婆·pó po	偏偏·piān piān	澎湃·péng pài
匹配·pǐ pèi	瓢泼·piáo pō	攀爬·pān pá	频频·pín pín
乒乓·pīng pāng	偏旁·piān páng	偏颇·piān pō	品牌·pǐn pái
泡泡·pào pao	拍片·pāi piàn	凭票·píng piào	偏僻·piān pì

韵母 e 单音节练习

得·dé	特·tè	讷·nè	勒·lè
课·kè	合·hé	彻·chè	社·shè
惹·rě	泽·zé	侧·cè	涩·sè
鸽·gē	科·kē	客·kè	浙·zhè

韵母 e 双音节练习

特赦·tè shè	苛刻·kē kè	隔阂·gé hé	瑟瑟·sè sè
隔热·gé rè	各个·gè gè	合辙·hé zhé	社科·shè kē
割舍·gē shě	可乐·kě lè	哥哥·gē ge	折了·shé le

客车·kè chē   折射·zhé shè   格格·gé ge   色泽·sè zé

韵母 i 单音节练习

级·jí   其·qí   西·xī   怡·yí
倪·ní   立·lì   级·jí   妻·qī
依·yī   碧·bì   迷·mí   里·lǐ
笔·bǐ   脾·pí   第·dì   蹄·tí

韵母 i 双音节练习

意义·yì yì   洗涤·xǐ dí   礼仪·lǐ yí   比例·bǐ lì
体力·tǐ lì   气息·qì xī   秘密·mì mì   底细·dǐ xì
笔记·bǐ jì   立即·lì jí   利益·lì yì   霹雳·pī lì
一体·yī tǐ   议题·yì tí   第一·dì yī   提议·tí yì
激起·jī qǐ   仪器·yí qì   棋迷·qí mí   西医·xī yī

声母 p 四音节练习

排山倒海   偏旁部首   婆婆妈妈   破屏而出
喷薄欲出   频频点头   片片落叶   平平淡淡

韵母 e 四音节练习

特立独行   德不配位   乐不思蜀   歌功颂德
克己复礼   和和美美   择优录取   车水马龙

韵母 i 四音节练习

碧波荡漾   匹夫有责   迷途知返   地大物博
体无完肤   逆水行舟   力不从心   喜笑颜开

扫码收听绕口令及
文章范读并跟读

绕口令朗读 //

p 音

乒乓教练批评乒乓球员

乒乓球员频频感谢教练

乒乓观众品评乒乓球赛

乒乓运动培植乒乓品牌

e 音

哥哥要过河

河里几只鹅

白鹅向天歌

哥哥笑呵呵

i 音

伊一学习很积极

记忆力强考第一

伊一小姨真欢喜

提议伊一报西医

古文朗读

逢雪宿芙蓉山主人

（唐）刘长卿

日暮苍山远，
天寒白屋贫。
柴门闻犬吠，
风雪夜归人。

白话译文 //

暮色降山苍茫愈觉路途远，
天寒冷茅草屋显得更贫困。
柴门外忽传来犬吠声声，
风雪的夜里有人回到家中。

朗读贴士 //

这是作者被贬之后所写的一首诗。整首诗表现出一种冷峻、苍茫的自然景象，通过这样的景象暗指作者目前的人生际遇。同时也表达了在这样恶劣的天气中有人愿意收留借宿的感激之情。古代诗人往往喜欢借景抒情、以物咏志，在朗读古诗词时，我们要牢牢抓住句中内在语，通过我们的表达进行二度创作，将文句中的"言外之意、弦外之音"进行表达。朗读这首古诗，我们就要将作者在人生低谷时候内心复杂的情绪进行外在表现。朗读基调灰暗、语气低沉，最后一句"风雪夜归人"出现语势的上扬，仿佛看到了一丝希望。

朗读技巧标记版 //

彩字重音，\停顿，^连接，o虚声送气

语势上扬╱ 语势下降╲

日╲暮╲苍山╱远，

天╲寒╲╱白屋贫。

柴门╲╱闻犬吠，

风雪╲╲夜╲归╲人 o。

现代文朗读

《漫步遐想录》（节选）

（法）卢梭

如果世间真的有这么一种状态：心灵十分充实和宁静，既不怀恋过去也不奢望将来，放任光阴的流逝而仅仅掌握现在，无匮乏之感也无享受之感，不快乐也不忧愁，既无所求也无所惧，而只感受到自己的存在，处于这种状态的人就可以说自己得到了幸福。

朗读贴士

这是法国思想家卢梭出版的著作《漫步遐想录》中的节选，这是一部在欧洲影响深远的著作，后来歌德的《少年维特之烦恼》就是在这本著作的影响之下写成的。卢梭当时正面临着外界的各种压迫、毁谤和污蔑，内心濒临崩溃。他写这本著作慰藉自己的心灵，并在去世之后才发表，让后人重新理解他。从这段节选当中我们可以看出，作者对于自身内心安宁的追求。这段文字洗练、简洁，我们可以用平静而温暖的语气去进行表达，中低音为主，节奏较缓。

朗读技巧标记版 //

彩字重音，\ 停顿，^ 连接，o 虚声送气

如果世间 \ 真的有这么一种状态：心灵十分充实和宁静，既不怀恋过去也不奢望将来，放任光阴的流逝 \ 而仅仅掌握现在，无匮乏之感 \ 也无享受之感，不快乐也不忧愁 ^，既无所求也无所惧 ^，而只感受到自己的存在，处于这种状态的人 \ 就可以说 \ 自己得到了幸福 o。

▶ 今日词条

声调

声调是指汉语音节中所固有的，可以区别意义的声音的高低和升降。声调是由声带振动频率决定的。声调的高低升降就是"音高"的高低升降。普通话把音高分成"低、半低、中、半高、高"五度。阴平声高而平，阳平声是中升调，上声是降升调，去声是全降调。

调值

调值是声调的实值，即声调的实际发音，也叫调形，指声音高低、升降、曲直、长短的形式。普通话有高平调、中升调、降升调、全降调四种调值形式，按五度标记法，调值分别为５５、３５、２１４和５１。

字音训练

声母 m，韵母 u、ü 的训练

声母 m 单音节练习

马·mǎ	墨·mò	秘·mì	目·mù
麦·mài	没·méi	猫·māo	谋·móu
曼·màn	门·mén	盲·máng	蔑·miè
蒙·měng	渺·miǎo	谬·miù	免·miǎn

声母 m 双音节练习

面貌·miàn mào	妈妈·mā ma	秘密·mì mì	妹妹·mèi mei
美妙·měi miào	密码·mì mǎ	木棉·mù mián	描摹·miáo mó
美满·měi mǎn	磨灭·mó miè	牧民·mù mín	明媚·míng mèi
梦寐·mèng mèi	谩骂·màn mà	盲目·máng mù	卖命·mài mìng

韵母 u 单音节练习

部·bù	普·pǔ	目·mù	福·fú
读·dú	兔·tù	怒·nù	录·lù
鼓·gǔ	哭·kū	虎·hǔ	足·zú
粗·cū	宿·sù	舞·wǔ	误·wù
竹·zhú	初·chū	书·shū	如·rú

韵母 u 双音节练习

督促·dū cù	幅度·fú dù	朴素·pǔ sù	辅助·fǔ zhù
哺乳·bǔ rǔ	读物·dú wù	复述·fù shù	露珠·lù zhū

瀑布·pù bù　　目录·mù lù　　突出·tū chū　　辜负·gū fù

路途·lù tú　　部署·bù shǔ　　夫妇·fū fù　　服务·fú wù

韵母 ü 单音节练习

女·nǚ　　　　绿·lǜ　　　　局·jú　　　　取·qǔ

需·xū　　　　于·yú　　　　叙·xù　　　　居·jū

徐·xú　　　　絮·xù　　　　誉·yù　　　　驴·lǘ

雨·yǔ　　　　巨·jù　　　　渠·qú　　　　许·xǔ

韵母 ü 双音节练习

序曲·xù qǔ　　雨具·yǔ jù　　屈居·qū jū　　渔具·yú jù

吕剧·lǚ jù　　聚居·jù jū　　徐徐·xú xú　　须臾·xū yú

栩栩·xǔ xǔ　　玉宇·yù yǔ　　豫剧·yù jù　　旅居·lǚ jū

女婿·nǚ xu　　区域·qū yù　　絮语·xù yǔ　　语序·yǔ xù

声母 m 四音节练习

美轮美奂　　　埋头苦干　　　漫山遍野　　　盲人摸象

民不聊生　　　妙语连珠　　　谋篇布局　　　铭记于心

韵母 u 四音节练习

目不暇接　　　虎虎生风　　　不可思议　　　普天同庆

富可敌国　　　笃信不疑　　　徒有虚名　　　勠力同心

韵母 ü 四音节练习

旅居他乡　　　女扮男装　　　聚散离合　　　遇人不淑

旭日东升　　　趣味横生　　　余音绕梁　　　趋利避害

绕口令朗读 //

m 音

毛毛瞒妈妈

妈妈骂毛毛

妹妹没秘密

妈妈夸妹妹

u 音

鼓上画只虎

鼓破拿布补

不知布补鼓

还是布补虎

ü 音

吕雨菊穿绿雨衣

于予玉穿绿雨靴

吕雨菊旅行去徐州

于予玉屡屡被拘留

古文朗读

天净沙·秋思

（元）马致远

枯藤老树昏鸦，

小桥流水人家，

古道西风瘦马。

夕阳西下，

断肠人在天涯。

白话译文 //

枯藤缠绕着老树，

树枝上栖息着黄昏时归巢的乌鸦。

小桥下，流水潺潺，

旁边有几户人家。

在古老荒凉的道路上，

秋风萧瑟，

一匹疲惫的瘦马驮着游子前行。

夕阳向西缓缓落下，

极度忧伤的旅人还漂泊在天涯。

朗读贴士 //

这是元曲中最广为人知的一首，寥寥28个字，却呈现出藤、树、鸦、桥、水、房、道、风、马、夕阳、人这11个意象，让无尽的愁绪跃然纸上。对于语言表达练习而言，将洋洋洒洒数千字的文章流畅读下来，体现的是基本功，而将这样短小精悍的文字读出风格，体现的才是真正的语言功力。这首元曲字字珠玑，在朗读时需要将每一个意象所体现的语言色彩表现出来，这主要通过名词前面的形容词的拿捏来表达，同时要呈现出语流变化，注意语流的上下翻飞。"瘦马"一词，马字三声调值214夸张表达将能在此让听众感受到一种技巧上的神来之笔。

朗读技巧标记版 //

彩字重音，\ 停顿，^ 连接，o 虚声送气

语势上扬╱ 语势下降╲

枯藤\老树^昏鸦o，

小桥\╱流水\╲人家o，

古道\西风^瘦马。

夕阳\╲西下o，

╱断肠人在\╱天\╲涯o。

现代文朗读

梦 与 诗

胡适

都是平常经验，

都是平常影像。

偶然涌到梦中来，

变幻出多少新奇花样。

都是平常情感，

都是平常言语。

偶然碰着个诗人，

变幻出多少新奇诗句。

醉过才知酒浓，

爱过才知情重。

你不能做我的诗，

正如我不能做你的梦。

朗读贴士 //

这是胡适写于 1920 年的一首新诗，当时正是新文化运动如火如荼、白话文写作兴起的时代。胡适这首诗措辞文雅、晓畅明白、通俗感人，是白话诗中的佳作。整首诗徘徊于睡梦与现实、酒醉与酒醒之间，要求我们的语气虚实结合、节奏较缓、情感浓烈。"醉过才知酒浓，爱过才知情重"一句已成经典，可作为全诗至高点进行表达。

朗读技巧标记版 //

彩字重音，\ 停顿，^ 连接，o 虚声送气

都是平常经验，

都是平常影像。

偶然涌到梦中来 o，

变幻出多少 \ 新奇花样。

都是平常情感，

都是平常言语。

偶然碰着个诗人，

变幻出多少 \ 新奇诗句。

醉过 o\ 才知酒浓，

爱过 o\ 才知情重。

你不能做我的诗 ^，

正如我 \ 不能做你的 \ 梦 o。

今日词条

音变

在语流中，由于受到相邻音节的相邻音素影响，一些音节中的声母、韵母或声调会发生语音的变化，叫作语流音变。主要包括：变调、轻声、儿化、语气词"啊"的变化和词的轻重格式以及"一、不"的变调。

轻声

每个音节都有它的声调，可在句子或词里，有的音节会失去它原来的调，变成较轻较短的调子。若处理不当，就会出现吃字的现象。一般是重读音节字音长，轻声音节字音短。轻声在不同音节中，音高反映也不一样。一般要视前面一个音节声调来定。

字音训练

声母 f，韵母 -i（前）、-i（后）的训练

声母 f 单音节练习

法·fǎ	佛·fó	非·fēi	缶·fǒu
饭·fàn	粉·fěn	房·fáng	奉·fèng
赴·fù	费·fèi	否·fǒu	凡·fán
奋·fèn	仿·fǎng	冯·féng	福·fú

声母 f 双音节练习

芬芳·fēn fāng	佛法·fó fǎ	分发·fēn fā	丰富·fēng fù
方法·fāng fǎ	反复·fǎn fù	夫妇·fū fù	奋发·fèn fā
纷纷·fēn fēn	付费·fù fèi	放飞·fàng fēi	防范·fáng fàn
风范·fēng fàn	防风·fáng fēng	犯法·fàn fǎ	

韵母 -i（前）单音节练习

呲·cī	辞·cí	刺·cì	此·cǐ
姿·zī	梓·zǐ	自·zì	思·sī
死·sǐ	肆·sì	赐·cì	撕·sī
兹·zī	寺·sì	姊·zǐ	祠·cí

韵母 -i（前）双音节练习

自私·zì sī	此次·cǐ cì	自此·zì cǐ	子嗣·zǐ sì
字词·zì cí	孜孜·zī zī	恣肆·zì sì	次子·cì zǐ
刺字·cì zì	私自·sī zì	赐死·cì sǐ	四字·sì zì

韵母 -i（后）单音节练习

支·zhī	值·zhí	纸·zhǐ	制·zhì
吃·chī	池·chí	齿·chǐ	翅·chì
师·shī	实·shí	史·shǐ	士·shì
日·rì			

韵母 -i（后）双音节练习

制止·zhì zhǐ	智齿·zhì chǐ	史诗·shǐ shī	芝士·zhī shì
失职·shī zhí	时日·shí rì	咫尺·zhǐ chǐ	指示·zhǐ shì
指使·zhǐ shǐ	知识·zhī shi	纸质·zhǐ zhì	只是·zhǐ shì
日日·rì rì	日志·rì zhì	失实·shī shí	试制·shì zhì

声母 f 四音节练习

发愤图强	夫唱妇随	纷纷扬扬	肺腑之言
反腐倡廉	纷繁复杂	丰富多彩	非分之想

韵母 -i（前）四音节练习

子子孙孙	自私自利	刺字明志	驷马难追
四字词组	丝丝入扣	字字珠玑	孜孜以求

韵母 -i（后）四音节练习

知识分子	十指紧扣	日日夜夜	时时刻刻
直指要害	咫尺天涯	日式料理	智力支持

扫码收听绕口令及
文章范读并跟读

绕口令朗读 //

f 音

方方奋发赴佛堂

反反复复翻佛法

方法丰富扬佛教

佛法分发散芬芳

平翘舌音

四只石狮子

十只纸狮子

纸狮子是死狮子

石狮子是四市尺

洛神赋（节选）

（魏）曹植

翩若惊鸿，婉若游龙。

荣曜秋菊，华茂春松。

髣髴兮若轻云之蔽月，

飘飖兮若流风之回雪。

远而望之，皎若太阳升朝霞。

迫而察之，灼若芙蕖出渌波。

白话译文 //

（她的形影），翩然若惊飞的鸿雁，婉约若游动的蛟龙。容光焕发如秋日下的菊花，体态丰茂如春风中的青松。她时隐时现像轻云笼月，浮动飘忽似回风旋雪。远而望之，明洁如朝霞中升起的旭日；近而视之，鲜丽如绿波间绽开的新荷。

朗读贴士 //

在韩国平昌冬奥会上，中国解说员在形容一位日本选手花样滑冰的身姿时，用了"翩若惊鸿，婉若游龙"，这句话令日本网友大为惊艳，从中也能看出汉语之美突破国界的传播。这是三国时著名文学家、曹操第三子曹植所写的名篇《洛神赋》中的佳句。这篇文章描写的是曹植想象与女神洛神的恋爱过程，而节选的这段文字，就是曹植对洛神外形的想象，所有文字都在描写这位女神之美艳绝伦。朗读时，我们应语气饱满、语调昂扬，面带笑意，充满赞美与惊叹。诸如此类古代经典的朗读，可以驱赶贫瘠苍白的措辞，不断滋润我们的语言，提升我们言辞的品位。

朗读技巧标记版 //

彩字重音，\停顿，^连接，o虚声送气

语势上扬／语势下降\

／翩若惊鸿，\婉若游龙。

荣曜／秋菊^，华茂\春松。

\髣髴兮\／若轻云\\之蔽月，

\飘飖兮\／若流风\\之回雪 o。

／远而望之，／皎若太阳\／升朝霞。

迫而\察之，灼若／芙蕖\\出渌波 o。

现代文朗读

一个青年爱一个姑娘

（德国）海涅

一个青年爱一个姑娘，

姑娘却相中另一个人。

这人偏又爱另一个女子，

并且跟她结了婚。

姑娘于是恼羞成怒，

嫁给了闯上门来的

随随便便一个男人，

叫那个青年好不伤心。

这是一个古老的故事，

然而它却永远新鲜，

谁要刚巧碰上这事，

谁就有一颗碎成千片的心。

朗读贴士 //

海涅是德国著名文学家，是德国古典文学的代表性人物。在这首诗中，海涅用一种非常直白的方式表现出了人类爱情的一种范式——叫人难以忘怀的永远是没有得到的。我们能看到的各种艺术形式中的情感描述，几乎都会有这样的桥段。这首诗在文意上没有太多难理解的地方，在文笔上会令人感觉过分直白，似乎配不上海涅的名头。我们要明白外文诗都会经历一次文字上的翻译，而能够翻译的是文意，不能翻译的是文学形式，任何一种文字都会有其他文字无法翻译的形式。在选择外文诗翻译的版本时，我们宁选这样朴实直白的，也不要选择那种晦涩难懂、佶屈聱牙的文字。朗读这段文字，我们应以一种旁白的第三视角去进行表达，是一种洞察事物本质之后的淡然，语气平静、略带诙谐，不用特别苦情，最后一句以笑意收尾。

朗读技巧标记版 //

彩字重音，＼停顿，＾连接，○虚声送气

一个青年＼爱一个姑娘，

姑娘却相中另一个人。

这人偏又爱另一个女子＾，

并且跟她结了婚。

姑娘＼于是恼羞成怒，

嫁给了闯上门来的

随随便便一个男人，

叫那个青年＼好不伤心○。

这是一个古老的故事，

然而它却永远新鲜，

谁要刚巧碰上这事，

谁就有一颗＼碎成千片的＼心。

第五天 Day 5

▶ 今日词条

变调

两个音节连续，其中有个音节的调值变得和原来的调值不同了，这就是变调。比如，两个三声相拼，前一个音变二声就属于典型的变调。

儿化

儿化韵起着修饰语言色彩的作用。儿化韵不是在音节之后加一个单独的 er 音节，而是在音节末尾最后一个音素上附加个卷舌动作，使韵母起了变化，比如一会儿、蛋卷儿、羊倌儿等。

字音训练

声母 d，韵母 en、er 的训练

声母 d 单音节练习

嗒·dā	得·dé	迪·dí	督·dū	待·dài
道·dào	斗·dòu	单·dān	党·dǎng	盾·dùn
灯·dēng	叠·dié	掉·diào	丢·diū	店·diàn
丁·dīng	躲·duǒ	队·duì	端·duān	东·dōng

声母 d 双音节练习

独断·dú duàn	调度·diào dù	道德·dào dé	得到·dé dào
当代·dāng dài	导弹·dǎo dàn	达到·dá dào	大地·dà dì
登顶·dēng dǐng	涤荡·dí dàng	订单·dìng dān	丢掉·diū diào
斗胆·dǒu dǎn	对待·duì dài	颠倒·diān dǎo	等待·děng dài

韵母 en 单音节练习

本·běn	盆·pén	门·mén	粉·fěn	嫩·nèn
怎·zěn	岑·cén	森·sēn	振·zhèn	陈·chén
神·shén	忍·rěn	根·gēn	肯·kěn	狠·hěn

韵母 en 双音节练习

本分·běn fèn	本人·běn rén	沉闷·chén mèn	分身·fēn shēn
粉尘·fěn chén	愤恨·fèn hèn	根本·gēn běn	门诊·mén zhěn
人身·rén shēn	认真·rèn zhēn	人参·rén shēn	深沉·shēn chén

神人·shén rén　　审慎·shěn shèn　　真人·zhēn rén　　振奋·zhèn fèn

深圳·shēn zhèn　　狠狠·hěn hěn　　真笨·zhēn bèn　　真沉·zhēn chén

韵母 er 单音节练习

二·èr　　　耳·ěr　　　儿·ér　　　而·ér　　　尔·ěr

韵母 er 双音节练习

尔尔·ěr ěr　　二儿·èr ér　　偶尔·ǒu ěr　　而且·ér qiě

而今·ér jīn　　儿女·ér nǚ　　儿戏·ér xì　　儿化·ér huà

耳朵·ěr duo　　二胡·èr hú　　学而·xué ér　　女儿·nǚ ér

声母 d 四音节练习

点点滴滴　　　地点待定　　　多多益善　　　到达彼岸

地地道道　　　单打独斗　　　滴滴答答　　　弹道导弹

韵母 er 四音节练习

不过尔尔　　　耳提面命　　　二话不说　　　尔虞我诈

不约而同　　　儿女情长　　　偶尔为之　　　耳目一新

韵母 en 四音节练习

本本分分　　　认认真真　　　盆盆罐罐　　　森森白骨

根本大法　　　分门别类　　　精神振奋　　　语调深沉

绕口令朗读 //

d 音

弟弟低调道德高

带队督导地点多

代替搭档独担当

弟弟累倒打点滴

er 音

二儿招风耳

偶尔去挖饵

饵料挖二斤

换二斤木耳

en 音

深圳的陈真本人买人参

看门的岑芬门口测体温

陈真的体温太高很瘆人

岑芬赶忙送陈真去门诊

古文朗读

行行重行行

（汉）佚名

行行重行行，与君生别离。

相去万余里，各在天一涯。

道路阻且长，会面安可知。

胡马依北风，越鸟巢南枝。

相去日已远，衣带日已缓。

浮云蔽白日，游子不顾反。

思君令人老，岁月忽已晚。

弃捐勿复道，努力加餐饭。

白话译文 //

你走啊走啊老是不停地走，

就这样活生生分开了你我。

从此你我之间相距千万里，

我在天这头你就在天那头。

路途那样艰险又那样遥远，

要见面可知道是什么时候。

北马南来仍然依恋着北风，

南鸟北飞筑巢还在南枝头。

彼此分离的时间越长越久，

衣服越发宽大人越发消瘦。

飘荡的游云遮住了那太阳，
他乡的游子却并不想回还。
因想你使我变得忧伤消瘦，
又是一年很快地到了年关。
还有许多心里话都不说了，
只愿你多保重切莫受饥寒。

朗读贴士 //

这首古诗写于东汉末年，作者已不可考。要朗读这首古诗，我
们要简单了解当时的社会背景，东汉末年到三国期间，是小说、
电影、电视剧都特别钟情的历史时期，因为那是一个英雄辈出、
荡气回肠的年代。但是，当我们把视角放进民间社会，关注
一个普通百姓的生活，你会发觉那是中国历史上的至暗时刻。
在不断的战争中，老百姓流离失所、饿殍遍野，这一时期偌
大的中原大地只剩下两三千万人口，已经到了"万径人踪灭"
的地步。了解了这个背景，再来看这首诗，这是一首夫妻在
离散之后，以妻子为视角，表达思夫之情的作品。朗读时，站
在一个无奈绝望的女性角度，表达悲戚的情感，最后一句"努
力加餐饭"，在今天的语境之下有一种喜感，却是那个时代的
勉励之语。朗读时，应尽量通过断句去除句子本身可能带来的
歧义，而读出一种遥相勉励之情。

朗读技巧标记版

彩字重音，\ 停顿，∧ 连接，○ 虚声送气

语势上扬／ 语势下降＼

行行\＼重行行，与君\＼生别离○。

相去／万余里＾，各在\＼天一涯。

道路\＼阻且长，会面\＼安可知。

胡马依／北风＾，越鸟\＼巢南枝。

相去\＼日已远，衣带\＼日已缓。

浮云蔽／白日＾，游子／＼不顾反。

思君\＼令人老，岁月\＼忽已晚。

弃捐／勿复道＾，／努力\加餐＼饭○。

现代文朗读

荷塘月色（节选）

朱自清

荷塘的四面，远远近近，高高低低都是树，而杨柳最多。这些树将一片荷塘重重围住；只在小路一旁，漏着几段空隙，像是特为月光留下的。树色一例是阴阴的，乍看像一团烟雾；但杨柳的丰姿，便在烟雾里也辨得出。树梢上隐隐约约的是一带远山，只有些大意罢了。树缝里也漏着一两点路灯光，没精打采的，是渴睡人的眼。这时候最热闹的，要数树上的蝉声与水里的蛙声；但热闹是它们的，我什么也没有。

朗读贴士 //

这篇《荷塘月色》是朱自清除《背影》之外最广为人知的文章之一，而我们在朗读这篇文章时，总是会因其表面优美的辞藻而引发一些语气的错觉——我们会觉得这是一篇描写美丽自然与美好生活的文字。其实恰恰相反，这篇文章的写作时间是1927年的7月，此时正是多事之秋，作者内心也是千头万绪。所以在文章的第一句，作者用"这几天心里颇不宁静"来表达内心的情绪。所以，朗读这段节选，语气不能饱含美好与希望，而是应略带阴郁、情绪复杂、声音低沉，尤其是"但热闹是它们的，我什么也没有"一句，要霎时读出内心的茫然与无措。

朗读技巧标记版 //

彩字重音，\ 停顿，^ 连接，o 虚声送气

荷塘的四面，远远近近^，高高低低\都是树，而杨柳\最多。这些树\将一片荷塘重重围住；只在小路一旁，漏着几段空隙，像是特为月光\留下的。树色一例\是阴阴的，乍看\像一团烟雾；但杨柳的丰姿，便在烟雾里\也辨得出。树梢上\隐隐约约的\是一带远山，只有些大意罢了。树缝里\也漏着一两点路灯光，没精打采的，是渴睡人的眼。这时候最热闹的，要数树上的蝉声\与水里的蛙声；但热闹\是它们的，我什么\也没有o。

今日词条

语气词"啊"的变化

"啊"是表达感情的基本声音，如果单独使用或在句子开头和末尾，不和其他元音连续时，一般都发"a"音。当受到前一个音节韵尾影响时，就会发生音变现象。比如：好啊（wa）、吃饭啊（na）、太阳啊（nga）、一起啊（ya）。

词的轻重格式

由于词义、感情的需要，一个词有轻重的现象，这叫词的轻重格式。可分为重、中、轻三种；我们将短而弱的音节称为轻，长而强的音节称为重，介于二者之间的称为中。

扫码收听字词
范读并跟读

字音训练

声母 t，韵母 ai、ei 的训练

声母 t 单音节练习

踏·tà	特·tè	提·tí	台·tái	桃·táo
投·tóu	弹·tán	躺·tǎng	疼·téng	铁·tiě
田·tián	婷·tíng	途·tú	陀·tuó	腿·tuǐ
湍·tuān	屯·tún	彤·tóng	条·tiáo	

声母 t 双音节练习

塔台·tǎ tái	抬头·tái tóu	贪图·tān tú	淘汰·táo tài
饕餮·tāo tiè	套头·tào tóu	体态·tǐ tài	体贴·tǐ tiē
调停·tiáo tíng	铁蹄·tiě tí	听筒·tīng tǒng	通途·tōng tú
团体·tuán tǐ	推托·tuī tuō	吞吐·tūn tǔ	妥帖·tuǒ tiē

韵母 ai 单音节练习

摆·bǎi	派·pài	脉·mài	呆·dāi
态·tài	奶·nǎi	赖·lài	该·gāi
凯·kǎi	海·hǎi	宅·zhái	拆·chāi
筛·shāi	载·zǎi	采·cǎi	赛·sài

韵母 ai 双音节练习

晒台·shài tái	开赛·kāi sài	摆开·bǎi kāi	买卖·mǎi mài
灾害·zāi hài	采摘·cǎi zhāi	海带·hǎi dài	开怀·kāi huái

彩带·cǎi dài	彩排·cǎi pái	拍卖·pāi mài	开采·kāi cǎi
拆台·chāi tái	爱戴·ài dài	白菜·bái cài	带来·dài lái

韵母 ei 单音节练习

悲·bēi	陪·péi	美·měi	得·děi
内·nèi	泪·lèi	给·gěi	黑·hēi

韵母 ei 双音节练习

黑背·hēi bèi	贝雷·bèi léi	配备·pèi bèi	北美·běi měi
肥美·féi měi	妹妹·mèi mei	黑莓·hēi méi	贝类·bèi lèi
飞贼·fēi zéi	北碚·běi bèi	北非·běi fēi	蓓蕾·bèi lěi

声母 t 四音节练习

吞吞吐吐	天天向上	脱胎换骨	头疼脑热
体坛快讯	体态轻盈	团团圆圆	堂堂正正

韵母 ai 四音节练习

白雪皑皑	白白胖胖	代代相传	三阳开泰
开怀大笑	海派文化	凯旋归来	徘徊不前

韵母 ei 四音节练习

北美贝类	是是非非	悲欢离合	美轮美奂
危如累卵	灰飞烟灭	黑白分明	雷厉风行

扫码收听绕口令及
文章范读并跟读

绕口令朗读 //

t 音

桃桃和甜甜

同做一套题

桃桃特拖沓

甜甜替她急

ai 音

柴奶奶买白菜

蔡奶奶卖海带

白菜一块一大袋

海带太差没人爱

柴奶奶说蔡奶奶

卖菜该把良心晒

ei 音

妹妹叫菲菲

想看黑狒狒

狒狒在北非

妹妹飞去北非看狒狒

古文朗读

凤求凰（其一）

（汉）司马相如

有一美人兮，见之不忘。

一日不见兮，思之如狂。

凤飞翱翔兮，四海求凰。

无奈佳人兮，不在东墙。

将琴代语兮，聊写衷肠。

何时见许兮，慰我彷徨。

愿言配德兮，携手相将。

不得於飞兮，使我沦亡。

白话译文 //

有位俊秀漂亮的女子啊，我见了她的容貌就难以忘怀。我如果一天见不到她啊，心中牵念得像是要发狂一般。我就像高飞盘旋的凤鸟，在天下各处苦苦寻觅着凰鸟。可惜那个娴静的美人啊，没有居住在我那东墙的附近。我以琴声替代心中情语，姑且描写我内心衷切的情意。什么时候可以允诺婚事，慰藉我往返徘徊的相思之情。望我的德行能与你相配，与你携手同在而成百年好合。无法比翼齐飞的结果啊，令我沦陷这情愁中而欲丧亡。

朗读贴士 //

这首《凤求凰》记载的是司马相如追求卓文君的爱情经历，相传为西汉时期的司马相如所作，但也有人认为是后代乐工假托司马相如所写，所以作者存疑。但无论作者为谁，这首诗的文学价值都极高。"凤凰"是古代传说中的百鸟之王，其中雄鸟叫凤、雌鸟叫凰，凤凰是一个统称，凤求凰即象征男性对女性的追求。整首诗对爱情的描写热烈而奔放，其中对男子在追求女性过程中的患得患失、小心翼翼、长吁短叹、心神不宁刻画得淋漓尽致。整首诗的朗读基调热烈昂扬，情感变化丰富多样，从一见钟情的痴狂到求之不得的惆怅，语气转换需准确流畅。这首诗还可以与本书中的另一首诗歌——《白头吟》对比诵读，《白头吟》是《凤求凰》的后续，男人在抱得美人归之后的见异思迁，读来令人唏嘘。

朗读技巧标记版 //

彩字重音，\ 停顿，^ 连接，o 虚声送气

语势上扬╱语势下降╲

有一╱美人兮，╲见之不忘 o。

一日╱不见兮，思之╲如╲狂。

凤飞╱翱翔兮，╱四海求凰。

无奈╲佳人兮，不在 \ ╲东墙。

将琴代语兮，聊写╲衷肠。

何时／见许兮，慰我＼彷徨。

愿言配德兮，＼携手相将。

不得／於飞兮＾，使我＼沦亡 0。

（使我＼沦＼亡 0）

现代文朗读

灵魂选定自己的伴侣

（美国）狄金森

当一个姑娘的灵魂选定了自己的伴侣，

她的心门就会紧闭，

她这一神圣的决定，

再不容干预。

当华贵的马车停泊在她的门前，

她紧闭屋门，不为所动，

当高贵的皇帝卧倒在她的裙下，

她目光坚定，心无旁骛。

我知道

当她从千万人中选定灵魂的伴侣，

她坚贞的爱情，

便矢志不渝。

朗读贴士 //

这是美国女性诗人艾米丽·狄金森所写的一首爱情诗，她是19世纪美国最杰出的女性诗人之一，其作品对后世影响深远。狄金森一生有过几段刻骨铭心的感情经历，但是一生未婚，对婚姻却多有憧憬。这首小诗表达了作者坚贞的爱情观，以及对灵魂伴侣的向往。朗读时，我们站在一位女性的立场，去向世人宣扬爱情之珍贵，全文基调坚定，语气昂扬。最后三行，是全文至高点，表达时，不要一味增加音量，而尽量加强吐字力度，收放自如。

朗读技巧标记版 //

彩字重音，\ 停顿，∧ 连接，o 虚声送气

当一个姑娘的灵魂\选定了自己的伴侣 o，

她的心门\就会紧闭，

她这一神圣的决定，

再不容干预 oo。

当华贵的马车\停泊在她的门前，

她紧闭屋门，不为所动，

当高贵的皇帝\卧倒在她的裙下，

她目光坚定∧，心无旁骛。

我知道 o 当她从千万人中选定灵魂的伴侣，

她坚贞的爱情，

便矢志\不渝 oo。

▶ 今日词条

音高

音高指声音的高低，决定于声波的频率。我们要改变音高，需要控制声带拉紧或放松。汉语中声调的性质主要为音高的变化，音高变化在汉语中有区别意义的作用。

音强

音强指声音的强弱，是由声波的振幅大小决定的。音强与声波的振幅大小有关，振幅大声音就强，相反，振幅小声音就弱。计算音强的单位叫分贝。在语音中，音强与音高往往有连带关系，一般说来，音强加强时，音高也会升高；而音高升高时，音强也会加强。

字音训练

声母 n，韵母 ao、ou 的训练

声母 n 单音节练习

拿·ná	讷·nè	逆·nì	奴·nú	女·nǚ
内·nèi	耐·nài	脑·nǎo	您·nín	凝·níng
鸟·niǎo	念·niàn	纽·niǔ	浓·nóng	懦·nuò
南·nán	嫩·nèn	囊·náng	暖·nuǎn	
能·néng	娘·niáng	捏·niē	虐·nüè	

声母 n 双音节练习

奶奶·nǎi nai	男女·nán nǚ	拿捏·ná niē	年年·nián nián
奶牛·nǎi niú	娘娘·niáng niang	暖男·nuǎn nán	恼怒·nǎo nù
泥淖·ní nào	能耐·néng nai	袅娜·niǎo nuó	农奴·nóng nú
泥泞·ní nìng	南宁·nán níng	牛腩·niú nǎn	奶娘·nǎi niáng

韵母 ao 单音节练习

保·bǎo	炮·pào	茅·máo	导·dǎo
陶·táo	孬·nāo	牢·láo	造·zào
曹·cáo	扫·sǎo	兆·zhào	巢·cháo
烧·shāo	稿·gǎo	烤·kǎo	浩·hào

韵母 ao 双音节练习

草帽·cǎo mào	讨好·tǎo hǎo	祷告·dǎo gào	牢靠·láo kào
报考·bào kǎo	逃跑·táo pǎo	跑道·pǎo dào	高潮·gāo cháo

报告·bào gào	糟糕·zāo gāo	号召·hào zhào	早操·zǎo cāo
唠叨·láo dao	老少·lǎo shào	冒号·mào hào	吵闹·chǎo nào
高傲·gāo ào	稻草·dào cǎo	高考·gāo kǎo	犒劳·kào láo

韵母 ou 单音节练习

谋·móu	缶·fǒu	抖·dǒu	透·tòu
耨·nòu	陋·lòu	奏·zòu	凑·còu
馊·sōu	周·zhōu	绸·chóu	寿·shòu
沟·gōu	抠·kōu	猴·hóu	

韵母 ou 双音节练习

喉头·hóu tóu	漏斗·lòu dǒu	豆蔻·dòu kòu	抖擞·dǒu sǒu
丑陋·chǒu lòu	走兽·zǒu shòu	绸缪·chóu móu	口授·kǒu shòu
露头·lòu tóu	兽首·shòu shǒu	收受·shōu shòu	佝偻·gōu lóu
收购·shōu gòu	口头·kǒu tóu	兜售·dōu shòu	叩首·kòu shǒu

声母 n 四音节练习

男男女女	袅袅娜娜	扭扭捏捏	年年岁岁
浓浓乡情	能耐了得	喃喃低语	老农恼怒

韵母 ao 四音节练习

茅山道士	报道奥运	好人好事	照耀四方
招摇撞骗	言之凿凿	浩浩荡荡	滔滔东流

韵母 ou 四音节练习

头头是道	后来居上	谋篇布局	抖擞精神
口传心授	未雨绸缪	舟车劳顿	收回成命

绕口令朗读 //

n 音

楠楠和宁宁

年年去南宁

南宁离家远

浓浓念乡情

ao 音

包头小包卖皮包

小赵犒劳老婆买皮包

小赵买到小包的皮包嫌不好

小包小赵闹到法院讨公道

ou 音

周某某偷了楼豆豆的狗

小狗怒吼愁坏周某某

周某某揍狗被狗咬了手

偷偷将狗还给楼豆豆

白头吟

（汉）卓文君

皑如山上雪，皎若云间月。

闻君有两意，故来相决绝。

今日斗酒会，明旦沟水头。

躞蹀御沟上，沟水东西流。

凄凄复凄凄，嫁娶不须啼。

愿得一心人，白头不相离。

竹竿何袅袅，鱼尾何簁簁！

男儿重意气，何用钱刀为！

白话译文 //

爱情应该像山上的雪一般纯洁，像云间月亮一样光明。听说你怀有二心，所以来与你决裂。今日犹如最后的聚会，明日便将分手沟头。我缓缓地移动脚步沿沟走去，过去的生活宛如沟水东流，一去不返。当初我毅然离家随君远去，就不像一般女孩凄凄啼哭。满以为嫁了一个情意专心的称心郎，可以相爱到老永远幸福了。男女情投意合就像钓竿那样轻细柔长，鱼儿那样活泼可爱！男子应当以情意为重，失去了真诚的爱情是任何钱财珍宝都无法补偿的！

朗读贴士 //

这是一首收录于《乐府诗集》中的五言诗，其中"愿得一心人，白头不相离"一句成为千古名句。这首诗相传为汉代才女卓文君所写。卓文君与司马相如的爱情故事千百年来为人传诵。而司马相如在与卓文君有情人终成眷属之后，随着时间的推移开始见异思迁，动了纳妾的念头。相传这首诗就是卓文君在得知司马相如纳妾意图之后所写，以昭示自己所追求情感的纯粹与专一。当然，关于这首诗的作者与写作背景尚有不少争议，但并不影响我们理解此诗。全诗以一位情感遭遇背叛的女性怨怼的口吻叙述，朗读基调伤感无比，表达过程如泣如诉，在每一个重音上都要着力渲染相应的语气，并且加强吐字的力度。

朗读技巧标记版 //

彩字重音，\ 停顿，^ 连接，o 虚声送气

语势上扬╱ 语势下降╲

皑如\╱山上雪，皎若\╲云间月。

闻君\有两意^，故来\╱相决绝。

今日\斗酒会，明旦 o\╲沟水头。

躞蹀╱御沟上，沟水\╲东西流。

凄凄 o\╱复凄凄，嫁娶\不须啼。

愿得╱一心人^，╱白头\╲不相离。

竹竿\╲何袅袅，╱鱼尾何簁簁！

男儿\重意气，何用\╱钱刀为！

（\何用\╲钱刀\╲为）

现代文朗读

情 愿

林徽因

我情愿化成一片落叶，

让风吹雨打到处飘零；

或流云一朵，在澄蓝天，

和大地再没有些牵连。

但抱紧那伤心的标志，

去触遇没有着落的惆怅；

在黄昏，夜半，蹑着脚走，

全是空虚，再莫有温柔；

忘掉曾有着世界；有你；

哀悼谁又曾有过爱恋；

落花似的落尽，

忘了去这些个泪点里的情绪。

到那天一切都不存留，

比一闪光，

一息风更少痕迹，

你也要忘掉了我曾经在这世界里活过。

朗读贴士 //

这是林徽因在北京香山休养期间所写的一首诗。林徽因因为身体原因休养，恰是徐志摩提议并且安排去往香山，两人在此期间有很多交集。这首小诗展现了作者一种不舍却不能不舍的挣扎决定，并以委婉的方式表达作者拒绝对方的心意。我们的朗读，就要在这一份纠结中反复，语气哀婉，语调缓慢，悲伤情绪层层递进，在最后两句达到最强。

朗读技巧标记版 //

彩字重音，\ 停顿，^ 连接，o 虚声送气

我情愿化成一片落叶，
让风吹雨打 \ 到处飘零；
或流云一朵，在澄蓝天，
和大地 \ 再没有些牵连。

但抱紧那伤心的标志，
去触遇 \ 没有着落的惆怅；
在黄昏，夜半，蹑着脚走，
全是空虚 ^，再莫有 \ 温柔 o；

忘掉曾有着世界；有你；
哀悼谁 \ 又曾有过爱恋；
落花似的落尽，

忘了去这些个泪点里的情绪。

到那天＼一切都不存留，

比一闪光＾，

一息风更少痕迹，

你也要忘掉了我＾曾经在这世界里＼活过 o。

Day 8

今日词条

音长

音长指声音的长短，即声音的时值，它取决于发声体振动的持续时间。从发声的角度，应当注意音长在语流中，与音高、音强以及音色一起，在区分词义、明确语句目的或表现情感的分寸时起着重要作用。

音色

音色也叫音质或音品，是指声音的特色和本质。音色决定于声波的含量。不同音色产生的因素包括发音体的不同，发音方法的不同，共鸣器形状的不同。音色包含两方面含义：一是区分不同的音素；二是指不同的声音色彩的区分。

嗓音训练

在进行发声能力训练前，每一个练习者都要认识自己的嗓音条件，确定声音类型，在此基础上进行提高喉部的发声能力的训练，主要应训练音高变化、音强变化、音长变化、音色变化，音色变化可集中在虚实、明暗对比的变化上进行。

扫码收听字词
范读并跟读

 字音训练

声母 l，韵母 ia、ie 的训练

声母 l 单音节练习

辣·là	乐·lè	离·lí	录·lù	吕·lǚ	牢·láo
莱·lái	烈·liè	聊·liáo	流·liú	恋·liàn	良·liáng
栏·lán	落·luò	伦·lún	俩·liǎ	雷·léi	掠·lüè
楼·lóu	林·lín	领·lǐng	隆·lóng	郎·láng	棱·léng

声母 l 双音节练习

理论·lǐ lùn	姥姥·lǎo lao	力量·lì liàng	流量·liú liàng
领略·lǐng lüè	流浪·liú làng	两肋·liǎng lèi	楼兰·lóu lán
流露·liú lù	莅临·lì lín	劳累·láo lèi	联络·lián luò
靓丽·liàng lì	浏览·liú lǎn	伦理·lún lǐ	留恋·liú liàn

韵母 ia 单音节练习

家·jiā	掐·qiā	夏·xià	俩·liǎ	鸭·yā

韵母 ia 双音节练习

下牙·xià yá	压下·yā xià	加价·jiā jià	加压·jiā yā
鸭架·yā jià	假牙·jiǎ yá	恰恰·qià qià	下架·xià jià

韵母 ie 单音节练习

憋·biē	瞥·piē	灭·miè	蝶·dié

铁·tiě   聂·niè   猎·liè
皆·jiē   茄·qié   谢·xiè

韵母 ie 双音节练习

姐姐·jiě jie   结节·jié jié   谢谢·xiè xie
贴切·tiē qiè   铁鞋·tiě xié   节烈·jié liè
斜街·xié jiē   趔趄·liè qie   乜斜·miē xie

声母 l 四音节练习

伶伶俐俐   流连忘返   泪流满面   老来得子
寥寥无几   真情流露   屡败屡战   流落他乡

韵母 ia 四音节练习

牙牙学语   家家户户   一个顶俩   掐头去尾
鸭行鹅步   假仁假义   下不为例   恰如其分

韵母 ie 四音节练习

喋喋不休   谢天谢地   踏破铁鞋   皆大欢喜
猎猎作响   蹑手蹑脚   趔趄而行   灭顶之灾

扫码收听绕口令及文章范读并跟读

绕口令朗读 //

l 音

老李历练多

自律又利落

履历列前茅

屡屡立功劳

ia 音

与人掐架贾佳佳

下牙连续掉了俩

牙掉无暇去请假

佳佳加价装假牙

ie 音

聂姐写帖

谢姐打猎

聂姐怪谢姐一个趔趄跌坏鞋

谢姐怪聂姐喋喋不休不体贴

古文朗读

虞美人·春花秋月何时了

（南唐）李煜

春花秋月何时了，

往事知多少？

小楼昨夜又东风，

故国不堪回首月明中！

雕栏玉砌应犹在，

只是朱颜改。

问君能有几多愁？

恰似一江春水向东流。

白话译文 //

这年的时光什么时候才能了结，往事知道有多少？昨夜小楼上又吹来了春风，在这皓月当空的夜晚，怎承受得了回忆故国的伤痛！ 精雕细刻的栏杆、玉石砌成的台阶应该还在，只是所怀念的人已衰老。要问我心中有多少哀愁，就像这不尽的滔滔春水滚滚东流。

朗读贴士 //

这篇作品是南唐后主、词帝李煜的千古名作，这首词写于公元978年的农历七月初七，七夕日，是李煜的生日，同时也是李煜的忌日。而为他招来杀身之祸的，恰恰是这一篇词。李煜作为南唐国主，在国破被俘到北宋软禁之后，还一直思念故国，并且在自己的作品中屡有体现。这一点犯了宋太宗赵光义的忌讳，李煜生日这一天写下《虞美人》，并且找来乐工奏唱，结果"歌声未毕，牵机遂至"，牵机是一种剧毒，李煜当天死状惨烈。朗读这篇绝命词，我们要体会"亡国之君"的悲凉、苦楚、绝望。用自己的声音对这寥寥数言进行多维度、多层次的展现。声音以中低音为主，虚实结合。"问君能有几多愁，恰似一江春水向东流"一句是全文至高点，切忌一味用高音、强音去表达这样的强烈，要有一个控制力往回收。

朗读技巧标记版 //

彩字重音，\停顿，^连接，o虚声送气

语势上扬／语势下降＼

／春花秋月＼＼何时了 o，

／往事＼＼知多少 o？

小楼昨夜 o\ 又东风，

／故国＼不堪回首＼＼月明中！

雕栏玉砌 o\ 应犹在，

只是朱颜\改。

问君能有＼／几多愁？

恰似 o\ 一江／春水＼＼向\东\流。

现代文朗读

日内瓦医学宣言

希波克拉底

在我被吸收为医学事业中的一员时，我严肃地保证将我的一生奉献于为人类服务。

我将用我的良心和尊严来行使我的职业。我的病人的健康将是我首先考虑的。我将尊重病人所交给我的秘密。我将极尽所能来保持医学职业的荣誉和可贵的传统。我的同道均是我的兄弟。

我不允许宗教、国籍、政治派别或地位来干扰我的职责和我与病人之间的关系。

我对人的生命，从其孕育之始，就保持最高的尊重，即使在威胁下，我绝不将我的医学知识用于违反人道主义规范的事情。

我出自内心和以我的荣誉，庄严地作此保证。

朗读贴士 //

希波克拉底被尊为西方医学之父，是西方医学的奠基人，他在公元前430年冒着生命危险去雅典救治瘟疫，并成功扑灭了疫情，在人们心中建立了医生的尊严。然后，他制定了医生的道德规范，在收徒时，编订了相应的誓言，让从医的晚辈们遵守。这个誓言一直延续下来，在1948年的世界医学会上被修订为了《世界医学会日内瓦宣言》，并随着时代发展不断修订。朗读这篇文稿，我们要站在一个医生的立场，以一颗悬壶济世的大爱之心，去理解并表达。语气庄重、真挚，节奏相对较缓，最后一句语气最为浓烈，收尾时情感延续，给人余音绕梁之感。

朗读技巧标记版

彩字重音，\ 停顿，^ 连接，o 虚声送气

在我被吸收为医学事业中的一员时，我严肃地保证\ 将我的一生\ 奉献于为人类服务。

我将用我的良心和尊严\ 来行使我的职业。我的病人的健康\ 将是我首先考虑的o。我将尊重病人所交给我的秘密。我将极尽所能\ 来保持医学职业的荣誉和可贵的传统。我的同道\ 均是我的兄弟。

我不允许宗教^、国籍^、政治派别或地位\ 来干扰我的职责和我与病人之间的关系。

我对人的生命，从其孕育之始，就保持最高的尊重，即使在威胁下，我决不将我的医学知识\ 用于违反人道主义规范的事情。

我出自内心和以我的荣誉，庄严地\ 作此保证。

▶ 今日词条

发音器官

发音器官指在言语活动中参与发音动作的人体器官，在语音形成的过程中，人体头、颈、胸、腹等部位的一百多块肌肉控制着不同器官协同产生发音动作。这些在发音中起着不同作用的器官按呼出气流运动的方向由下而上分为三部分，即动力系统、声源系统和成音系统。

动力系统

由肺呼出的气流是发声的动力。动力系统指的是为人体发音提供动力的系统，主要由肺、气管、胸廓及膈肌、腹肌等器官和相关肌肉组成。

字音训练

声母 z，韵母 ua、uo 的训练

声母 z 单音节练习

砸·zá	择·zé	梓·zǐ	贼·zéi
燥·zào	走·zǒu	暂·zàn	怎·zěn
赃·zāng	憎·zēng	族·zú	左·zuǒ
罪·zuì	钻·zuàn	遵·zūn	综·zōng

声母 z 双音节练习

宗族·zōng zú	走卒·zǒu zú	再造·zài zào	遭罪·zāo zuì
藏族·zàng zú	做作·zuò zuo	醉枣·zuì zǎo	自尊·zì zūn
自责·zì zé	栽赃·zāi zāng	造作·zào zuò	总则·zǒng zé
在座·zài zuò	自在·zì zài	祖宗·zǔ zong	遭灾·zāo zāi

韵母 ua 单音节练习

挖·wā	抓·zhuā	欻·chuā	耍·shuǎ
挼·ruá	刮·guā	夸·kuā	花·huā

韵母 ua 双音节练习

娃娃·wá wa	画画·huà huà	挂花·guà huā	挂画·guà huà
耍滑·shuǎ huá	花袜·huā wà	刮花·guā huā	花滑·huā huá

韵母 uo 单音节练习

我·wǒ	夺·duó	托·tuō	挪·nuó
落·luò	坐·zuò	措·cuò	锁·suǒ
捉·zhuō	戳·chuō	烁·shuò	郭·guō
阔·kuò	火·huǒ	浊·zhuó	国·guó

韵母 uo 双音节练习

脱落·tuō luò	错过·cuò guò	蹉跎·cuō tuó	懦弱·nuò ruò
阔绰·kuò chuò	着落·zhuó luò	骆驼·luò tuo	堕落·duò luò
做作·zuò zuo	落座·luò zuò	说过·shuō guò	硕果·shuò guǒ
国货·guó huò	火锅·huǒ guō	陀螺·tuó luó	罗锅·luó guō

声母 z 四音节练习

自作自受	走走看看	自尊自强	栽赃陷害
自由自在	列祖列宗	贩夫走卒	藏族参赞

韵母 ua 四音节练习

花花世界	偷奸耍滑	抓耳挠腮	瓜田李下
夸夸其谈	滑头滑脑	挂一漏万	寡不敌众

韵母 uo 四音节练习

蹉跎岁月	落落大方	活学活用	出手阔绰
硕果累累	懦弱不堪	火烧火燎	国泰民安

绕口令朗读 //

z 音

藏族同胞遭灾

救援最早最快

遵从救援总则

不让灾民遭罪

ua 音

娃娃爱画画

画瓜也画花

画好瓜花画青蛙

华华挂画夸娃娃

uo 音

郭建国生活蹉跎卖火锅

卓健硕天生罗锅养骆驼

卓健硕的骆驼踢翻了郭建国的火锅

郭建国的火锅烫坏了卓健硕的骆驼

你说说，究竟是卓健硕还是郭建国有过错

古文朗读

浣溪沙·残雪凝辉冷画屏

（清）纳兰性德

残雪凝辉冷画屏，

落梅横笛已三更，

更无人处月胧明。

我是人间惆怅客，

知君何事泪纵横，

断肠声里忆平生。

白话译文 //

残雪凝辉让温暖的画屏变得冰冷。梅花随凉风飘落，忧伤的笛声传来，已是寂寞黄昏。深夜想起了往事，月色于无人处也好像朦胧起来。

我，世间哀愁的过客，身世凄凉。为何我在知道你的故事后泪流满面？痛彻心扉地哭泣，在断肠声里，因朱彝尊的遭遇而辗转难眠。

朗读贴士 //

这是一首典型的"纳兰词"，当中的基调凄冷、哀伤，纳兰性德作为一个出身名门、身居高位的贵族，无论事业还是情感，却都让他感觉郁郁不得志，所以一生都可以用"忧郁"二字去形容。这首词就是纳兰性德在雪夜徘徊时，借同情好友的人生际遇去抒发自己内心的惆怅与悲凉。朗读时，应着重表现词中的惆怅之意，为加深文意，最后一句"忆平生"三字可作回环往复的处理，通过语言的重复，增加语气的分量。

朗读技巧标记版 //

彩字重音，\ 停顿，^ 连接，o 虚声送气

语势上扬↗ 语势下降↘

残雪凝辉 \ ↘冷画屏，

落梅横笛 \ ↗已三更，

更无人处 \ ↘月胧明。

我是人间 \ ↗惆怅客，

知君↗何事 \ 泪↘纵横，

断肠声里 \ ↘忆平生。

（↘忆 \ 平 \ 生 o）

难 得（节选）

作者：徐志摩

难得，夜这般的清净，

难得，炉火这般的温，

更是难得，无言的相对，

一双寂寞的灵魂。

也不必筹营，也不必评论，

更没有虚骄，猜忌和嫌憎，

只静静地坐对着一炉火，

只静静地默数远巷的更 ......

朗读贴士 //

这是徐志摩在 1923 年左右创作的一首小诗，此时的他正身处抛弃妻子、父子失和、世人冷眼的岁月，心中郁闷只能靠诗文吐露，这首诗不如《再别康桥》那般著名，却是记录徐志摩心路历程的篇章。从这首诗中，我们能读出诗人心中的悲凉以及希望获得同情的那一份卑微的念想。朗读时，语气平静中应略带伤感，语速适中，中低音为主。

朗读技巧标记版 //

彩字重音，\ 停顿，^ 连接，o 虚声送气

语势上扬╱语势下降╲

难得，夜 \ 这般的清净，

╲难得 o，炉火 \ 这般的温，

╱更是难得，无言地相对 ^，

一双 \ 寂寞的灵魂。

也不必筹营，也不必评论，

更没有虚骄 ^，猜忌和嫌憎，

只静静地坐对着 \ ╲一炉火，

只静静地默数 \ 远巷的 o\ ╲更 o......

▶ 今日词条

声源系统

声源系统主要指喉和声带，由肺呼出的气流经过气管通过喉部时，处于喉部的声带可在气流的作用下产生振动，发出声音。

成音系统

成音系统主要指形成声音的系统。声带振动发出的声音叫喉原音，喉原音很微弱，经过共鸣后得到扩大和美化，形成不同的语音音色，形成不同的声音色彩。声道是人类发声的共鸣器官。声道在喉以上主要有喉腔、咽腔、口腔和鼻腔，喉以下的胸腔也起着重要的共鸣作用。

字音训练

声母 c、韵母 üe 的训练

声母 c 单音节练习

擦·cā	侧·cè	次·cì	醋·cù
措·cuò	凑·còu	崔·cuī	存·cún
曹·cáo	才·cái	岑·cén	蚕·cán
苍·cāng	层·céng	葱·cōng	草·cǎo

声母 c 双音节练习

层次·céng cì	匆匆·cōng cōng	从此·cóng cǐ
措辞·cuò cí	粗糙·cū cāo	此次·cǐ cì
猜测·cāi cè	层层·céng céng	曹操·cáo cāo
草丛·cǎo cóng	仓促·cāng cù	璀璨·cuǐ càn

韵母 üe 单音节练习

虐·nüè	略·lüè	月·yuè
决·jué	缺·quē	雪·xuě

韵母 üe 双音节练习

雀跃·què yuè	约略·yuē lüè	绝学·jué xué	月缺·yuè quē
决绝·jué jué	略略·lüè lüè	略缺·lüè quē	阙珏·què jué

声母 c 四音节练习

仓促应战	层层推进	妄加猜测	匆匆而过
措辞严厉	星光璀璨	层次清晰	参差不齐

韵母 üe 四音节练习

欢呼雀跃	武林绝学	略知一二	月圆月缺
血流成河	雪中送炭	缺一不可	决胜千里

扫码收听绕口令及
文章范读并跟读

绕口令朗读 //

c 音

崔存财帮曹苍措买葱和醋

曹苍措帮崔存财买蚕和布

崔存财仓促买葱忘买醋

曹苍措匆匆买蚕忘买布

崔存财与曹苍措

互相猜测从此形同陌路

üe 音

薛学与岳雪

拜师继绝学

月圆又月缺

流汗也流血

阅览群书记口诀

薛学、岳雪学成绝学欢呼雀跃

古文朗读

浣溪沙 · 谁念西风独自凉

（清）纳兰性德

谁念西风独自凉，

萧萧黄叶闭疏窗，

沉思往事立残阳。

被酒莫惊春睡重，

赌书消得泼茶香，

当时只道是寻常。

白话译文 //

秋风萧瑟，孤独的情怀有谁惦念，

看片片黄叶飞舞遮掩了窗台，

伫立夕阳下，沉溺在对往事的回忆中。

酒后小睡，春日好景正长，

（李清照夫妇）闺中赌赛，衣襟满带茶香，

昔日美好的平常往事，已不复再现面前。

朗读贴士 //

纳兰性德是清朝康熙年间著名词人，同时也是康熙皇帝非常赏识的侍卫，我们朗读的这篇是纳兰性德极为经典的"悼亡词"。纳兰性德的妻子卢氏去世之后，他在精神上遭受很大打击，为妻子写下悼亡词无数。这首悼亡词表现的是词人回忆妻子生前夫妻恩爱的点点滴滴，基调哀伤，节奏较缓。其中"赌书消得泼茶香，当时只道是寻常"一句，引用的是李清照夫妇在闲暇时猜书嬉戏、伉俪情深的往事，这里是全文重点，凄婉之极，是我们语气的至高点。请跟随标记版文字进行合理情感驾驭并朗读。

朗读技巧标记版 //

彩字重音，\ 停顿，^ 连接，o 虚声送气

语势上扬╱ 语势下降＼

谁念╱西风＼＼独自凉，

萧萧╱黄叶＼＼闭疏窗，

沉思╱往事＼＼立残阳 o。

╱被酒莫惊＼春睡＼重^，

赌书╱消得＼＼泼茶香 o，

＼当时只道＼＼是寻常 o。（往复）

（╱当时只道＼╱是＼寻＼常。）

现代文朗读

《红与黑》（节选）

司汤达

先生们，我没有荣耀属于你们那个阶级。你们认为我是一个乡下人，却对自己微贱的处境，敢做反抗的举动。我不向你

们祈求任何的恩惠，因为死亡对我而言是公正的。我的犯罪行为是残暴的，是蓄谋的，因此我是应该定死罪的。但是，陪审官先生们，即使我的罪没有这样重大，我看见有许多人，并不会因为我的年少而怜惜我，他们愿意惩罚我，借我来惩戒所有出身微贱，为贫穷所困，可是碰上运气，接受教育，而敢混迹于富贵人所谓的高等社会里的那些少年。先生们，这便是我在你们眼里真正的犯罪行为，所以，才将受到更严厉的惩罚，而事实上，我绝不是被我同阶级的人审判。我在你们当中没有看见一个农民，而只有那些令人气愤的权贵阶级。

朗读贴士 //

《红与黑》是法国作家司汤达于 1830 年出版的名著，已经成为世界文学经典。小说表现的是出身低微的男主角于连，在一个等级森严的阶级社会中，通过各种手段想要摆脱自己原生家庭的卑贱，而跻身上流社会。他野心勃勃且不择手段，最后在梦想即将达成的时候，却遇到了上流社会的反扑，功亏一篑。他愤怒地枪击了曾经的情人，也是出卖他的市长夫人，然后被捕。我们朗读的这段文字，就是于连在法庭上被审判时对权贵阶级做出的控诉。上流社会容不得出身卑贱的下等人通过努力与他们平起平坐，这就是阶级社会最为肮脏之处。于连洞悉了这一切后心灰意冷，他放弃了赦免的机会，只求速死。这段文字的朗读难度极大，在朗读基调方面，应以愤怒绝望作为主旋律，在坦诚罪行的时候，语气略带悔意，在控诉权贵的时候，要怒中带泪。朗读最大难点在于节奏的把握，因为是翻译的文字，所以当中以长难句为主，形容词、副词不断，尤其在控诉阶段，总体连多停少，对于气息的稳定以及吐字的规范有很高要求。

朗读技巧标记版 //

彩字重音，\ 停顿，^ 连接，o 虚声送气

先生们 o，我没有荣耀属于你们那个阶级。你们认为我是一个乡下人，却对自己微贱的处境^，敢做反抗的举动。我不向你们祈求任何的恩惠，因为死亡对我而言是公正的。我的犯罪行为是残暴的^，是蓄谋的，因此\我是应该\定死罪的。但是，陪审官先生们，即使我的罪没有这样重大，我看见有许多人^，并不会因我的年少而怜惜我，他们愿意惩罚我，借我来惩戒所有出身微贱^，为贫穷所困^，可是碰上运气^，接受教育，而敢混迹于富贵人所谓的高等社会里的那些少年。先生们 o，这便是我在你们眼里真正的犯罪行为，所以，才将受到更严厉的惩罚，而事实上，我绝不是被我同阶级的人审判。我在你们当中没有看见一个农民，而只有那些\令人气愤的\权贵阶级。

▶ 今日词条

科学发声特点

科学发声特点是以实声为主的虚实结合，声音清晰圆润；声音变化幅度不大，但层次丰富，表情达意准确，状态自如，声音流畅。即准确规范，清晰流畅；圆润集中，朴实明朗；刚柔并济，虚实结合；色彩丰富，变化自如。

发音吐字综合感觉

发音吐字是我们必须修炼的基本功。规范吐字的综合感觉为，声音像一条有弹性的带子，下端从小腹拉出，垂直向上，至口咽腔，沿上腭中纵线前行，受口腔的节制，形成字音，字音像被"吸着"而"挂"在硬腭前部，由上门齿处弹出，流动向前。要取得这种发音的综合感觉，则要气息下沉，喉部放松；不僵不挤，声音贯通；字音轻弹，如珠如流；气随情动，声随情走。

扫码收听字词
范读并跟读

字音训练

声母 s，韵母 iao、iou（iu）的训练

声母 s 单音节练习

萨·sà	涩·sè	思·sī	塞·sāi
扫·sǎo	伞·sǎn	森·sēn	丧·sàng
僧·sēng	素·sù	锁·suǒ	岁·suì
酸·suān	笋·sǔn	宋·sòng	算·suàn

声母 s 双音节练习

洒扫·sǎ sǎo	嫂嫂·sǎo sao	缫丝·sāo sī	色素·sè sù
三思·sān sī	僧俗·sēng sú	松散·sōng sǎn	思索·sī suǒ
四散·sì sàn	搜索·sōu suǒ	诉讼·sù sòng	速算·sù suàn
琐碎·suǒ suì	飒飒·sà sà	散碎·sǎn suì	素色·sù sè

韵母 iao 单音节练习

表·biǎo	票·piào	秒·miǎo	刁·diāo
跳·tiào	鸟·niǎo	料·liào	交·jiāo
巧·qiǎo	小·xiǎo	药·yào	凋·diāo

韵母 iao 双音节练习

飘摇·piāo yáo	巧妙·qiǎo miào	笑料·xiào liào	吊销·diào xiāo
疗效·liáo xiào	娇小·jiāo xiǎo	叫嚣·jiào xiāo	吊桥·diào qiáo

窈窕・yǎo tiǎo　　秒表・miǎo biǎo　　交角・jiāo jiǎo　　教条・jiào tiáo

逍遥・xiāo yáo　　苗条・miáo tiáo　　萧条・xiāo tiáo　　脚镣・jiǎo liào

韵母 iou（iu）单音节练习

谬・miù　　　丢・diū　　　牛・niú　　　留・liú

九・jiǔ　　　丘・qiū　　　秀・xiù　　　由・yóu

韵母 iou（iu）双音节练习

久留・jiǔ liú　　优秀・yōu xiù　　悠久・yōu jiǔ　　刘秀・liú xiù

牛油・niú yóu　　悠悠・yōu yōu　　舅舅・jiù jiu　　绣球・xiù qiú

流油・liú yóu　　旧友・jiù yǒu　　求救・qiú jiù　　有救・yǒu jiù

声母 s 四音节练习

丝丝入扣　　　三生三世　　　瑟瑟秋风　　　白骨森森

岁岁年年　　　三思而行　　　四散逃窜　　　三三两两

韵母 iao 四音节练习

风雨飘摇　　　窈窕淑女　　　经济萧条　　　逍遥自在

大肆叫嚣　　　药效显著　　　巧言令色　　　笑料百出

韵母 iou 四音节练习

优游岁月　　　秀外慧中　　　救死扶伤　　　求仁得仁

丢三落四　　　九五至尊　　　天地悠悠　　　牛气冲天

扫码收听绕口令及
文章范读并跟读

绕口令朗读 //

s 音

思思缫丝在车间

小四洒扫在楼前

小四素把思思恋

算来岁岁又年年

iao 音

瑶瑶采草药

娇娇捉小鸟

瑶瑶的药有疗效

娇娇捉鸟崴了脚

瑶瑶送药给娇娇

娇娇表态不捉鸟

iou 音

小尤去买油和酒

买了九瓶酒

又买六两油

瞧见校友与旧友

干了九瓶酒

炒完六两油

友情天长又地久

水调歌头·明月几时有

（宋）苏轼

丙辰中秋，欢饮达旦，

大醉，作此篇，兼怀子由。

明月几时有？把酒问青天。

不知天上宫阙，今夕是何年。

我欲乘风归去，又恐琼楼玉宇，高处不胜寒。

起舞弄清影，何似在人间。

转朱阁，低绮户，照无眠。

不应有恨，何事长向别时圆？

人有悲欢离合，月有阴晴圆缺，此事古难全。

但愿人长久，千里共婵娟。

白话译文 //

明月从什么时候才开始出现？我端起酒杯遥问苍天。

不知道在天上的宫殿，今天晚上是何年何月。

我想要乘御清风回到天上，又恐怕在美玉砌成的楼宇，受不住
高耸九天的寒冷。

翩翩起舞玩赏着月下清影，哪像是在人间？

月儿转过朱红色的楼阁，低低地挂在雕花的窗户上，照着没有
睡意的自己。

明月不该对人们有什么遗憾吧，为什么偏在人们离别时才
圆呢？

人有悲欢离合的变迁，月有阴晴圆缺的转换，这种事自古来难以周全。

只希望这世上所有人的亲人能平安健康，即便相隔千里，也能共享这美好的月光。

朗读贴士 //

这是宋代大文豪苏轼在山东密州为官时，在中秋月明之夜借思念自己七年未见的弟弟苏辙为由，而写的一首词。这首词大气蓬勃，虽然主题是思念亲人，但却天马行空，把思绪放到了九霄云外。同时，将人间悲欢离合与自然景象中月亮的圆缺做了对比，诞生了"人有悲欢离合，月有阴晴圆缺"这样的千古名句。这首词朗读时难度较大，主要就在于我们的声音形式要随着作者大开大合的想象思考而不断变化。朗读前，一定要参看白话译文，将语气应该起伏之处做一个合理规划，朗读标记版中的"╱"符号，都要求我们的声音处于语势上扬的强控制当中，只有处理好这部分，这首词才能读出它应有的神采。

朗读技巧标记版 //

彩字重音，＼停顿，＾连接，o 虚声送气

语势上扬╱ 语势下降＼

╱明月＼几时＼有？＼把酒＼问╱青天。

不知天上╱宫阙，今夕是＼何年 o。

我欲乘风归去＾，又恐琼楼玉宇，高处＼不胜寒。

起舞弄清影＾，何似＼在人间 o 。

转朱阁＾，低绮户＾，照＼＼无眠 o 。

不应有恨，何事长向＼／别时圆？

人有悲欢离合＾，月有阴晴圆缺＾，此事古难全。

／但愿＼人长久，千里＼共＼／婵娟。

深笑

林徽因

是谁笑得那样甜，那样深，

那样圆转？一串一串明珠，

大小闪着光亮，迸出天真！

清泉的浮动，泛流到水面上，

灿烂，

分散！

是谁笑得好花儿开了一朵？

那样轻盈，不惊起谁。

细香无意中，随着风过，

拂在短墙，丝丝在斜阳前，

挂着，

留恋。

是谁笑成这百层塔高耸，

让不知名鸟雀来盘旋？

是谁笑成这万千个风铃的转动，

从每一层琉璃的檐边，

摇上，

云天？

朗读贴士 //

这是林徽因于 1936 年 1 月发表的一首现代诗，是一首典型的新月体诗歌。这首诗从头至尾清新、洒脱，令人神往。诗中出现的诸如明珠、清泉、花儿、斜阳、鸟儿、风铃等意象，都在映衬着一张若隐若现的笑脸，让我们读完后展开无尽的想象。这种充满了"言外之意、弦外之音"的文字，对于我们朗读朗诵创作来说，就有了巨大的空间。新月体的诗歌在文字形式上非常工整，而在朗读时，我们恰要反其道而行，用"语无定势"的表达去突破诗歌本身的定式。

朗读技巧标记版 //

彩字重音，\ 停顿，＾连接，o 虚声送气

是谁笑得 \ 那样甜＾，那样深＾，

那样圆转？一串一串明珠，

大小闪着光亮＾，迸出天真！

清泉的浮动，泛流到水面上，

灿烂，

分散０！

是谁笑得好花儿开了一朵？

那样轻盈＾，不惊起谁。

细香＼无意中＾，随着风过＾，

拂在短墙＾，丝丝＼在斜阳前，

挂着，

留恋０。

是谁笑成这百层塔高耸，

让不知名鸟雀＼来盘旋？是谁０？

笑成这万千个风铃的转动，

从每一层琉璃的檐边，

摇上０，

云＼天０？

▶ 今日词条

胸腹联合呼吸

这是科学发声使用的呼吸方法。具体感受为，随着气流从口鼻同时吸入，两肋向两侧扩张，同时腰带感觉渐紧，小腹控制渐强。呼气时，保持住腹肌的收缩感，以牵制膈肌与两肋使其不能回弹。随着气流的缓缓呼出，小腹逐渐放松，但最后仍要有控制的感觉。膈肌和两肋在这种控制的感觉下，逐渐恢复自然状态。

呼吸肌训练

呼吸肌的力量和灵活程度是使呼吸控制达到自动化的物质条件。在呼吸肌的训练中，腹肌、膈肌等日常生活中得不到充分运动的肌肉，应列为锻炼的重点，在训练中，应重点体会呼吸肌的锻炼和发声之间的联系。腹肌训练包括腹肌爆发力的训练，腹肌各部分肌肉灵活配合的训练，腹肌与呼吸、发声主动配合感觉锻炼。膈肌训练包括膈肌弹发和喊操口令练习。

字音训练

声母 zh，韵母 uai、uei（ui）的训练

声母 zh 单音节练习

炸·zhà	哲·zhé	宅·zhái	这·zhè
赵·zhào	舟·zhōu	站·zhàn	真·zhēn
追·zhuī	章·zhāng	郑·zhèng	朱·zhū
抓·zhuā	浊·zhuó	拽·zhuài	砖·zhuān
庄·zhuāng	重·zhòng		

声母 zh 双音节练习

真正·zhēn zhèng	真挚·zhēn zhì	战争·zhàn zhēng	政治·zhèng zhì
着重·zhuó zhòng	专职·zhuān zhí	专著·zhuān zhù	指正·zhǐ zhèng
转折·zhuǎn zhé	直至·zhí zhì	茁壮·zhuó zhuàng	执着·zhí zhuó

韵母 uai 单音节练习

拽·zhuài	率·shuài	踹·chuài
乖·guāi	筷·kuài	坏·huài

韵母 uai 双音节练习

摔坏·shuāi huài	外快·wài kuài	怀揣·huái chuāi
外踝·wài huái	乖乖·guāi guāi	拽坏·zhuài huài
歪拐·wāi guǎi	外卖·wài mài	踹坏·chuài huài

韵母 uei（ui）单音节练习

堆·duī	腿·tuǐ	最·zuì	崔·cuī
随·suí	追·zhuī	锤·chuí	水·shuǐ
鬼·guǐ	奎·kuí	灰·huī	睡·shuì

韵母 uei 双音节练习

垂危·chuí wēi	翠微·cuì wēi	回味·huí wèi	回归·huí guī
归队·guī duì	悔罪·huǐ zuì	魁伟·kuí wěi	汇兑·huì duì
回嘴·huí zuǐ	水位·shuǐ wèi	推诿·tuī wěi	醉鬼·zuì guǐ

声母 zh 四音节练习

支支吾吾	重中之重	在河之洲	战至终章
政治正确	茁壮成长	止于智者	周周正正

韵母 uei 四音节练习

娓娓道来	生命垂危	回味无穷	水位回落
桂林山水	雄壮魁伟	香港回归	垂垂老矣

韵母 uai 四音节练习

外强中干	怪力乱神	乖巧伶俐	率性而为
脍炙人口	连拽带踹	快人快语	怀才不遇

扫码收听绕口令及
文章范读并跟读

绕口令朗读 //

zh 音

郑振战是政治家

甄正彰是教育家

郑振战赞扬甄正彰真知灼见

甄正彰总夸郑振战庄重清廉

uai 音

小帅小乖性格怪

连拽带踹对老外

小乖小帅人不坏

助人为怀帮忙快

uei 音

薇薇、慧慧和维维

三位合伙卖酒水

薇薇贪睡、慧慧总醉

剩下维维好后悔

退出合作自己卖酒水

古文朗读

浣溪沙 · 春情

（宋）苏轼

桃李溪边驻画轮。

鹧鸪声里倒清尊。

夕阳虽好近黄昏。

香在衣裳妆在臂，

水连芳草月连云。

几时归去不销魂。

白话译文 //

桃李溪边停着一辆画轮车。

鹧鸪发出叫声时，就是倒酒于杯中与情人约会之际。

晚照虽然美丽，但它已临近黄昏的时候。

体发香味留在衣裳上，信物套在手臂上。

我俩好比那明澈的溪水浸着芳香的草儿，皎洁的月儿伴着那雪白的云儿。

何时离去才不致痛苦悲伤。

朗读贴士 //

这首词是苏轼在杭州任职回朝廷公干，路过扬州，见到"珠帘十里卷香风"的扬州美景，词性大发所写。词中表现了在一片醉人的江南美景之下，一对恋人的缠绵悱恻、离愁别绪。恋情是苏轼大胆想象的，但是江南美景＋才子佳人的模式，更添一份朦胧与美好，是宋词中经常出现的画面，当中"夕阳虽好近黄昏"成为脍炙人口的名句。朗读时，语气柔和婉约，节奏和缓，字字珠玑，最后一句"几时归去不销魂"，进行一次反复，在节奏上呈现出欲慢先快、欲扬先抑，达到全文的最高潮。

朗读技巧标记版 //

彩字重音，\停顿，^连接，o虚声送气

语势上扬╱语势下降╲

╱桃李溪边╲╲驻画轮。

╱鹧鸪声里╲╲倒清尊。

╱夕阳虽好╲╲近黄昏 o。

香在╲衣裳\妆在╲臂，

水连╱芳草╲╱月连╲云。

几时 ╲归去\不 ╲销魂 o。

（╱几时归去╲╲不\销\魂。）

现代文朗读

《追忆似水年华》（节选）

（法）马赛尔·普鲁斯特

我们听到她的名字不会感到肉体的痛苦，看到她的笔迹也不会发抖，我们不会为了在街上遇见她而改变我们的行程，情感现实逐渐地变成心理的现实成为我们的精神现状：冷漠和遗忘。其实，当我们恋爱时，我们就预见到了日后的结局了，而反是这种预见让我们泪流满面。

朗读贴士 //

马赛尔·普鲁斯特是法国乃至世界最伟大的小说家之一，他发展了意识流文学创作的道路。比如，他的这本代表作《追忆似水年华》，与传统小说很不同的是，当中没有中心人物，没有完整的情节，更没有抓人的跌宕起伏。而是通过对心灵的刻画以及对人物细腻的描写，把叙述者的所见所闻、所思所感编织成一部 300 万字的巨著。从我们朗读这段节选文字就可以看到，虽然是 100 多年前的作品，但是当代文艺青年们所追求的那种文笔，其实早已在普鲁斯特的笔下流淌。这段文字直白洗练，直戳人心，将爱情的虐心充分展露。我们在朗读时，首先需要了解这是文中的叙述者"我"的心理动程，而这段心理动程使得叙述者情绪低落，抓住这样的情绪，朗读时声音低起，以一种类似台词讲述的方式把控语流的行进。找到低落伤感的情绪，是读好这篇文稿的重点。

朗读技巧标记版 //

彩字重音，\ 停顿，^ 连接，o 虚声送气

我们听到她的名字 \ 不会感到肉体的痛苦，看到她的笔迹 \ 也不会发抖 o，我们不会为了在街上遇见她 \ 而改变我们的行程，情感现实 \ 逐渐地变成心理的现实 \ 成为我们的精神现状：冷漠 \ 和遗忘 o。其实，当我们恋爱时，我们就预见到了日后的结局了，而反是这种预见 \ 让我们 \ 泪流满面 o。

第十三天

▶ 今日词条

慢吸快呼

这是科学用声训练方式之一。保持慢吸的正确状态吸气后，用一口气尽量说又多又快的话，可以用简单重复的绕口令进行练习。

快吸快呼

这是科学用声训练方式之一。快吸时应注意保持慢吸时"两肋打开、吸到肺底、腹壁站定"基本状态，在不经意间一张嘴的一瞬吸气到位。快吸快呼的训练，要求呼吸控制急而不促、快而不乱、长而不喘。

快吸慢呼

这是科学用声训练方式之一，也是日常交流以及艺术语言表达中主要的呼吸应用方式。在扩展胸腹联合式呼吸控制能力训练中，应以这种训练为主。快吸慢呼，是迅速地抢吸一口气，慢慢呼出，可选择发音响亮的音节进行呼喊训练。

字音训练

声母 ch，韵母 an、ian 的训练

声母 ch 单音节练习

插·chā	彻·chè	池·chí	柴·chái	抄·chāo
抽·chōu	掺·chān	趁·chèn	常·cháng	城·chéng
处·chù	绰·chuò	揣·chuāi	炊·chuī	船·chuán
春·chūn	床·chuáng	宠·chǒng	茶·chá	除·chú

声母 ch 双音节练习

传承·chuán chéng	惆怅·chóu chàng	处处·chù chù	穿插·chuān chā
常常·cháng cháng	出差·chū chāi	产出·chǎn chū	长城·cháng chéng
充斥·chōng chì	超出·chāo chū	唇齿·chún chǐ	出场·chū chǎng
初春·chū chūn	赤诚·chì chéng	驰骋·chí chěng	传唱·chuán chàng

韵母 an 单音节练习

班·bān	潘·pān	满·mǎn	饭·fàn
弹·tán	贪·tān	难·nán	兰·lán
赞·zàn	惨·cǎn	伞·sǎn	站·zhàn
产·chǎn	善·shàn	干·gān	刊·kān
含·hán			

韵母 an 双音节练习

安然·ān rán	胆敢·dǎn gǎn	感叹·gǎn tàn	摊贩·tān fàn
案板·àn bǎn	翻案·fān àn	寒战·hán zhàn	谈判·tán pàn

| 坦然·tǎn rán | 勘探·kān tàn | 翻版·fān bǎn | 暗淡·àn dàn |
| 暗含·àn hán | 懒汉·lǎn hàn | 赞叹·zàn tàn | 斑斓·bān lán |

韵母 ian 单音节练习

变·biàn	片·piàn	免·miǎn	电·diàn
田·tián	念·niàn	恋·liàn	建·jiàn
千·qiān	县·xiàn		

韵母 ian 双音节练习

边沿·biān yán	简练·jiǎn liàn	棉线·mián xiàn	田间·tián jiān
眼见·yǎn jiàn	变脸·biàn liǎn	检点·jiǎn diǎn	绵延·mián yán
前面·qián miàn	先前·xiān qián	眼帘·yǎn lián	变迁·biàn qiān
检验·jiǎn yàn	面前·miàn qián	前天·qián tiān	鲜艳·xiān yàn

声母 ch 四音节练习

| 唇亡齿寒 | 绰绰有余 | 纵横驰骋 | 赤胆忠诚 |
| 粉墨出场 | 万里长城 | 踌躇满志 | 处处春光 |

韵母 an 四音节练习

| 血迹斑斑 | 喃喃低语 | 五彩斑斓 | 星光暗淡 |
| 骁勇善战 | 经营惨淡 | 肝胆相照 | 贪婪无度 |

韵母 ian 四音节练习

| 莺莺燕燕 | 绵延千里 | 面面俱到 | 纤纤素手 |
| 映入眼帘 | 田间地头 | 谦谦君子 | 艰难险阻 |

绕口令朗读 //

ch 音

陈晨乘车去长春

程超车站接陈晨

陈晨迟迟不出站

程超痴等心上人

an 音

南门南边三个男子看罪犯

罪犯喊冤面色惨淡要翻案

三个男子看完罪犯犯罪的案卷

感叹罪犯劣迹斑斑迷途不知返

ian 音

延边有个严天燕

缅甸有个晏翩谦

延边的严天燕缅甸演出见到晏翩谦

缅甸的晏翩谦念念不忘严天燕追她到延边

古文朗读

望江南 · 超然台作

（宋）苏轼

春未老，风细柳斜斜。

试上超然台上望，

半壕春水一城花。

烟雨暗千家。

寒食后，酒醒却咨嗟。

休对故人思故国，

且将新火试新茶。

诗酒趁年华。

白话译文 //

春天还没有过去，微风细细，柳枝斜斜随之起舞。

登上超然台远远眺望，护城河只半满的春水微微闪动，

城内则是缤纷竞放的春花。

更远处，家家瓦房均在雨影之中。

寒食节过后，酒醒反而因思乡而叹息不已，

只得自我安慰：不要在老朋友面前思念故乡了，

姑且点上新火来烹煮一杯刚采的新茶，

作诗醉酒都要趁年华尚在啊。

朗读贴士 //

苏轼在山东密州（今诸城）为官的时候，在城北修葺了一座楼台，苏轼的弟弟苏辙根据《老子》当中的"虽有荣观、燕处超然"一句，将这座台取名为"超然台"。这首词就是在这座楼台落成之后，苏轼登台思乡所写，其中的"诗酒趁年华"一句成为千古名句。值得一提的是，苏轼最为著名的那首《水调歌头·明月几时有》，也是在这座楼台上望月时所写。朗读《望江南·超然台作》，我们要感受到这首词当中情感的微妙变化，上阕写景，表达出内心的壮志难酬，暗含伤感；下阕抒情，表达出思乡的情愫，但最后两句以新茶聊以自慰，又将情感从哀伤拉回到了乐观豁达。所以，我们的语气要随着词作中的变化而发生明暗间的转变。这种精细化的声音层次的变化，是最见功力的！

朗读技巧标记版 //

彩字重音，\ 停顿，^ 连接，o 虚声送气

语势上扬 ╱ 语势下降 ╲

春未老，风细 ╲ ╲ 柳斜斜 o。

试上 ╱ 超然台上望，

半壕春水 ╲ ╲ 一城花。

烟雨 ╲ 暗 o 千家 o。

寒食后，酒醒 ╲ 却 ╲ 咨嗟。

休对╱故人＼思故国，

且将新火＼╲试新茶。

诗酒＼╲趁╱年＼华 o。

现代文朗读

一 句 话

闻一多

有一句话说出来就是祸，

有一句话能点得着火。

别看五千年没有说破，

你猜得透火山的缄默？

说不定是突然着了魔，

突然青天里一个霹雳

爆一声：

"咱们的中国！"

这话叫我今天怎么说？

你不信铁树开花也可，

那么有一句话你听着：

等火山忍不住了缄默，

不要发抖，伸舌头，顿脚，

等到青天里一个霹雳

爆一声：

"咱们的中国！"

朗读贴士 //

这是一首掷地有声的爱国主义诗篇，是爱国诗人闻一多所写。当时他从美国留学归来，看到军阀割据之下的黑暗中国，胸中愤懑，挥手写就此篇，以笔为刀，揭露腐朽旧社会。诗中多有隐喻，"说出来就是祸"暗喻当时统治阶级对民间的钳制，"点得着火"暗喻民主革命，"火山的缄默"与"霹雳"暗喻人民的沉睡与觉醒，而"咱们的中国"则是申明主权在民，中国为全体中国人所有，而非一家一姓之私产。朗读这首诗需要声音坚实有力，昂扬自信和吐字有力，两处"咱们的中国"都是全文重点，第一处在"中国"处语势向下，第二处在"中国"处语势上扬，达到全文最强音。

朗读技巧标记版 //

彩字重音，\ 停顿，^ 连接，o 虚声送气

有一句话 \ 说出来 \ \ 就是祸，

有一句话 \ 能点得着火。

别看五千年没有说破，

你猜得透火山的 \ 缄默？

说不定 \ 是突然着了魔，

突然青天里一个霹雳 ^

╱爆一声：

"咱们的 \ 中国！"

这话\叫我↘今天怎么说？

你不信铁树开花\↘也可，

那么有一句话\你↗听着：

等火山忍不住了缄默，

不要发抖＾，伸舌头＾，顿脚，

等到青天里一个↗霹雳＾

↗爆一声：

"↗咱们的↗中国！"

▶ 今日词条

换气训练

这是呼吸控制的重要训练之一，话筒前的弱控制的重要体现。换气的总要求是，句首换气应无声到位，句子当中应小量补充，句子之间应从容换气，句子结尾应余气托松。

偷气

这是发音过程中一种无声补充气息的方法。当发音速度快或句子长，没有较长停顿补充气息时，往往需要利用短暂的顿挫无声地补充气息，这种听觉上不易察觉的换气叫偷气。偷气是一种不可缺少的呼吸技巧。偷气一般可以在稍有停顿的词尾进行，紧接词尾用较快速度从口鼻吸入少量气流。这种方法只能提供短时发音用的气息，作为补充气息使用。

抢气

这是发音过程中一种带有吸气声的补气方式。当句子较长、节奏急促或感情强烈时，气息消耗很快，常常要在句子与句子之间或句子中可停顿的地方急速补充气息。抢气是以口部进气为主的快速补气方式，气息通过声道时会产生较大的摩擦声。结合感情和内容需要，适当利用抢气，可以形成特殊的声音效果，使语言具有更丰富的表现力。而使用不当则会破坏表达的完整性。

就气

这是熟练使用气息的一种技巧。表达时虽遇有停顿，但由于表达的需要，并不急于补充气息，而是利用体内存有的余气将话说完，称作就气。在许多场合，就气不仅可使语句保持完整，还可以增加语言的感情色彩。就气是语言表达中常见的气息使用方法。

字音训练

声母 sh，韵母 uan、üan 的训练

声母 sh 单音节练习

沙·shā	舌·shé	室·shì	筛·shāi
谁·shuí	稍·shāo	瘦·shòu	陕·shǎn
甚·shèn	商·shāng	绳·shéng	书·shū
刷·shuā	硕·shuò	摔·shuāi	
税·shuì	涮·shuàn	霜·shuāng	

声母 sh 双音节练习

杀手·shā shǒu	砂石·shā shí	山水·shān shuǐ	闪烁·shǎn shuò
上升·shàng shēng	少数·shǎo shù	舍身·shě shēn	设施·shè shī
神圣·shén shèng	生疏·shēng shū	施舍·shī shě	时事·shí shì
手术·shǒu shù	首饰·shǒu shì	舒适·shū shì	述说·shù shuō
税收·shuì shōu	说书·shuō shū	硕鼠·shuò shǔ	上市·shàng shì

韵母 uan 单音节练习

短·duǎn	团·tuán	暖·nuǎn	卵·luǎn
钻·zuàn	窜·cuàn	酸·suān	专·zhuān
穿·chuān	拴·shuān	软·ruǎn	关·guān
款·kuǎn	欢·huān	砖·zhuān	涮·shuàn

韵母 uan 双音节练习

传唤·chuán huàn	贯穿·guàn chuān	宦官·huàn guān

软缎·ruǎn duàn   酸软·suān ruǎn   婉转·wǎn zhuǎn

万贯·wàn guàn   专断·zhuān duàn   专款·zhuān kuǎn

转换·zhuǎn huàn   转弯·zhuǎn wān   换算·huàn suàn

缓缓·huǎn huǎn   万万·wàn wàn   团团·tuán tuán

短短·duǎn duǎn

韵母 üan 单音节练习

卷·juǎn   全·quán   选·xuǎn

捐·juān   犬·quǎn   悬·xuán

韵母 üan 双音节练习

涓涓·juān juān   渊源·yuān yuán   全权·quán quán

源泉·yuán quán   轩辕·xuān yuán   全员·quán yuán

圈圈·quān quān   拳拳·quán quán   源源·yuán yuán

声母 sh 四音节练习

闪闪烁烁   生生世世   山山水水   实话实说

□□声声   实事求是   繁华盛世   诗书礼仪

韵母 uan 四音节练习

家财万贯   独行专断   宦海沉浮   婉转动听

酸酸甜甜   弯弯绕绕   千千万万   团团圆圆

韵母 üan 四音节练习

涓涓细流   拳拳之心   全体动员   源源不断

幸福源泉   全权代表   远远望去   轩辕黄帝

绕口令朗读 //

sh 音
史硕说话闪闪烁烁
石舒办事小心谨慎
石舒劝史硕凡事实事求是
史硕让石舒时时审时度势

uan 音
四川的小关台湾换鸡卵
台湾的鸡卵外壳薄又软
小关用软缎缓缓包鸡卵
鸡卵用专机转送到四川

üan 音
圆圈圆，圆圆圈
圆圆娟娟画圆圈
娟娟画的圈连圈
圆圆画的圈套圈
娟娟圆圆比圆圈
看看谁的圆圈圆

古文朗读

蝶恋花·伫倚危楼风细细

（宋）柳永

伫倚危楼风细细，

望极春愁，黯黯生天际。

草色烟光残照里，

无言谁会凭阑意。

拟把疏狂图一醉，

对酒当歌，强乐还无味。

衣带渐宽终不悔，

为伊消得人憔悴。

白话译文 //

我伫立在高楼上，细细春风迎面吹来，极目远望，不尽的愁思，黯黯然弥漫天际。夕阳斜照，草色蒙蒙，谁能理解我默默凭倚栏杆的心意？

本想尽情放纵喝个一醉方休。当在歌声中举起酒杯时，才感到勉强求乐反而毫无兴味。我日渐消瘦也不觉得懊悔，为了你我情愿一身憔悴。

朗读贴士 //

这是词人柳永的代表作之一，其中"衣带渐宽终不悔、为伊消得人憔悴"一句成为千古名句。这首词是柳永在青年时代所写，当时他18岁左右，从老家赴京城赶考，途中因思念自己的意中人而写此词。朗读时，情感惆怅伤感，在词的上阕重点表现人在异乡的辛酸，在词的下阕重点表现思念情人的惆怅。这两种情绪交融在一起，构成了这首宋词的朗读基调。朗读时，跟随╱、╲符号而控制语势的变化，"凭阑意"与"人憔悴"两句都需要一字一顿，注意"叼住字头"，字与字之间用气息连接，做到"声断气不断"。

朗读技巧标记版 //

彩字重音，\ 停顿，^ 连接，o 虚声送气

语势上扬 ╱ 语势下降 ╲

伫倚危楼 \ ╲ 风细细，

望 ╱ 极春愁，黯黯 o\ ╲ 生天际。

草色烟光 \ 残照里 ^，

无言 ╱ 谁会 \ ╲ 凭 \ ╲ 阑 \ ╲ 意。

拟把疏狂 \ 图一醉，

对酒当歌 ^，╱ 强乐 \ ╲ 还 \ ╲ 无 \ ╲ 味。

衣带渐宽 \ ╱ 终不悔，

为 ╱ 伊消得 \ ╲ 人 \ ╲ 憔 \ ╲ 悴 o。

现代文朗读

《简爱》（节选）

（英）夏洛蒂·勃朗特

贫穷在成年人的心目中是可怕的；在孩子们的心目中，那就更可怕。对于辛勤劳动、受人尊敬的贫穷，他们不大能够理解；他们把贫穷这个字眼儿只跟破破烂烂的衣服、不够吃的食物、没生火的炉子、粗暴的态度和卑劣的习性联系在一块儿。

你以为因为我贫穷、低微，我就没有灵魂没有心吗？你想错了！我的灵魂和你一样，我的心也和你完全一样。这是我的心灵在跟你的心灵说话，就好像我们两人已经穿越了坟墓，站在上帝的脚下，我们是平等的。

朗读贴士 //

《简爱》是英国女作家夏洛蒂·勃朗特创作的经典文学作品，也是世界名著中排名靠前的作品。"简爱"即是小说的女主角 Jane Eyre 的音译，这本小说刻画的就是这样一位出身低微但坚强勇敢、品格高贵的女性。我们节选的这段文字，是女主角简爱在小说中向男主角罗切斯特发出的一段掷地有声的宣言。她追求爱情的平等、人格的独立。朗读前需体会一位独立女性在遭遇不公正待遇时候的心理动程。第一段文字的基调和缓低落，第二段文字的基调昂扬向上，最后一句"我们是平等的"是全文至高点，语气最为饱满浓烈。

朗读技巧标记版 //

彩字重音，\ 停顿，^ 连接，o 虚声送气

贫穷 \ 在成年人的心目中是可怕的 o；在孩子们的心目中，那就更可怕 o。对于辛勤劳动 ^、受人尊敬的贫穷，他们不大能够理解；他们把贫穷这个字眼儿 \ 只跟破破烂烂的衣服 ^、不够吃的食物 ^、没生火的炉子 ^、粗暴的态度和卑劣的习性 \ 联系在一块儿。

你以为 \ 因为我贫穷 ^，低微 ^，我就没有灵魂没有心吗？你想错了 o！我的灵魂和你一样 ^，我的心也和你完全一样。这是我的心灵在跟你的心灵说话，就好像我们两人已经穿越了坟墓 ^，站在上帝的脚下，我们 \ 是平等的 o。

▶ 今日词条

吐字要求

吐字是我们必须掌握的基本功。科学用声对吐字的要求为准确、清晰、圆润、集中、流畅。准确，指字音准确规范，发音部位、发音方法及唇形、舌位和字调、语调标准、规范；清晰，指字音清晰，吐字清晰要建立在行之有效的发音技巧上；圆润，指吐字珠圆玉润，保持丰富的泛音共鸣；集中，指声音集中，发声过程中发音器官力量相对集中，使声音有目标；流畅，指吐字灵活自如，轻快流畅。

吐字归音

吐字归音是字音清楚、准确、完整、饱满的传统发音手段，是我们的一项基本功。吐字归音根据汉语语音特点，将一个音节的发音过程分为出字、立字、归音三个阶段，要求字头出字有力，叼住弹出；字腹立字饱满，拉开立起；字尾归音弱收到位，趋势鲜明，通过对每一阶段的精心控制，使吐字达到清晰有力、珠圆玉润的境界。

枣核形

枣核形是民间说唱艺人对吐字过程的形象描述，它体现了汉语语音发音吐字的特点，体现了专业吐字归音的发声技巧。枣核形指头、腹、尾俱全的音节吐字的状态，字头叼住弹出，字腹拉开立起，字尾到位弱收，合起来成为一个两头小中间大的枣核形。枣核形本身是一个整体，即发音过程中咬字器官互相协调，在滑动中完成，整个字音过程有滑动感、整体感。

扫码收听字词
范读并跟读

字音训练

声母 r，韵母 in、ing 的训练

声母 r 单音节练习

惹·rě	日·rì	饶·ráo	柔·róu	燃·rán
韧·rèn	攘·rǎng	仍·réng	儒·rú	弱·ruò
瑞·ruì	软·ruǎn	润·rùn	荣·róng	

声母 r 双音节练习

扰攘·rǎo rǎng	冉冉·rǎn rǎn	荏苒·rěn rǎn	忍让·rěn ràng
仁人·rén rén	仍然·réng rán	柔韧·róu rèn	柔弱·róu ruò
柔软·róu ruǎn	肉茸·ròu róng	荣辱·róng rǔ	濡染·rú rǎn
如若·rú ruò	软弱·ruǎn ruò	闰日·rùn rì	

韵母 in 单音节练习

| 斌·bīn | 品·pǐn | 敏·mǐn | 您·nín |
| 林·lín | 今·jīn | 芹·qín | 信·xìn |

韵母 in 双音节练习

濒临·bīn lín	亲近·qīn jìn	殷勤·yīn qín	金印·jīn yìn
亲信·qīn xìn	引进·yǐn jìn	新近·xīn jìn	仅仅·jǐn jǐn
薪金·xīn jīn	新晋·xīn jìn	近亲·jìn qīn	尽心·jìn xīn
信心·xìn xīn	临近·lín jìn	辛勤·xīn qín	音频·yīn pín

韵母 ing 单音节练习

冰·bīng	平·píng	明·míng	丁·dīng
挺·tǐng	宁·níng	另·lìng	静·jìng
情·qíng	行·xíng		

韵母 ing 双音节练习

冰凌·bīng líng	兵营·bīng yíng	禀性·bǐng xìng	并行·bìng xíng
叮咛·dīng níng	定型·dìng xíng	惊醒·jīng xǐng	精灵·jīng líng
精明·jīng míng	经营·jīng yíng	菱形·líng xíng	零星·líng xīng
伶仃·líng dīng	秉性·bǐng xìng	灵性·líng xìng	酩酊·mǐng dǐng

声母 r 四音节练习

柔柔弱弱	冉冉升起	时光荏苒	忍辱负重
热热闹闹	吵吵嚷嚷	耳濡目染	惹人怜爱

韵母 in 四音节练习

彬彬有礼	频频点头	民脂民膏	林林总总
津津有味	勤勤恳恳	心心相印	信心满满

韵母 ing 四音节练习

并行不悖	平起平坐	酩酊大醉	鼎鼎大名
亭亭玉立	伶伶俐俐	井井有条	倾情奉献

扫码收听绕口令及
文章范读并跟读

绕口令朗读 //

r 音

夏日无日日亦热

冬日有日日亦寒

春日日出天渐暖

秋日日落惹人怜

in 音

天津小敏去吉林

彬彬有礼工作勤

频频立功拒奖金

尽心尽力为人民

ing 音

天气晴夜空明

王府井里看流星

看到天上一只鹰

鹰嘴叼着一颗钉

流星划过鹰一惊

掉落铁钉误伤人眼睛

古文朗读

诗经·郑风·女曰鸡鸣

女曰鸡鸣，士曰昧旦。

子兴视夜，明星有烂。

将翱将翔，弋 yì 凫 fú 与雁。

弋言加之，与子宜之。

宜言饮酒，与子偕老。

琴瑟 sè 在御，莫不静好。

知子之来 lài 之，杂佩以赠之。

知子之顺之，杂佩以问之。

知子之好之，杂佩以报之。

白话译文 //

女说："公鸡已鸣唱。"男说："天还没有亮。不信推窗看天上，启明星已在闪光。""宿巢鸟雀将翱翔，射鸭射雁去芦荡。"

"野鸭大雁射下来，为你烹调做好菜。佳肴做成共饮酒，白头偕老永相爱。"女弹琴来男鼓瑟，和谐美满在一块。

"知你对我真关怀呀，送你杂佩答你爱呀。知你对我真体贴呀，送你杂佩表谢意呀。知你爱我是真情呀，送你杂佩表同心呀。"

朗读贴士 //

《诗经》是中国古代第一部诗歌总集。这篇《诗经·郑风·女曰鸡鸣》是诗经中的一首爱情诗，表现的是夫妻之间和睦恩爱的生活，画面生动丰富，像极了一出家庭日常生活剧。这首诗作基调欢快，要求我们语气积极生动。这里要说明的是，古诗词的朗读与现代文别无二致，都是以情感为主导，以语气为灵魂，朗读古诗词，尤其是《诗经》这样距今年代久远的文字，切忌"见字出声"，一定要在一定情感基调的引导下，做到情、声、气的合一。

朗读技巧标记版 //

彩字重音，＼停顿，∧连接，ο虚声送气

女曰鸡鸣，士曰＼昧旦。

子兴视夜，明星有烂。

将翱将翔，弋凫与雁。

弋言加之∧，与子宜之。

宜言饮酒∧，与子偕老。

琴瑟在御，莫不静好ο。

知子之来之，杂佩以赠之。

知子之顺之∧，杂佩＼以问之。

知子＼之好之，杂佩＼以报之ο。

现代文朗读

可爱的中国（节选）

方志敏

朋友，我相信，到那时，到处都是活跃的创造，到处都是日新月异的进步，欢歌将代替了悲叹，笑脸将代替了哭脸，富裕将代替了贫穷，康健将代替了疾病，智慧将代替了愚昧，友爱将代替了仇恨，生之快乐将代替了死之忧伤，明媚的花园将代替了暗淡的荒地！这时，我们民族就可以无愧色的立在人类的面前，而生育我们的母亲，也会最美丽地装饰起来，与世界上各位母亲们平等地携手了。这么光荣的一天，决不在辽远的将来，而在很近的将来，我们可以这样相信的，朋友！

朗读贴士 //

这是烈士方志敏于1935年在狱中所写的散文，原文洋洋洒洒上万字，这里我们节选当中最深情、最广为人知的一段进行朗读。在这段文字中，方志敏对未来的新中国做了畅想，对中国的未来充满了希望。生活在当下这个富足中国的我们，要先回望当年那个积贫积弱的时代，深刻体会那个时代革命者的悲怆与乐观。朗读时，基调应热情昂扬，饱含爱国之情，还要有一份对先烈的崇敬之情。文稿的前半段是作者的畅想，语气保持昂扬，面带笑容，后半段是对祖国母亲的悲悯，语气略为低沉，色彩偏悲。最后一句应坚定而深沉。

朗读技巧标记版 //

彩字重音，\ 停顿，^ 连接，o 虚声送气

朋友，我相信^，到那时，到处都是活跃的创造，到处都是日新月异的进步，欢歌将代替了悲叹，笑脸将代替了哭脸，富裕将代替了贫穷，康健将代替了疾病，智慧将代替了愚昧，友爱将代替了仇恨，生之快乐\将代替了死之忧伤，明媚的花园\将代替了暗淡的荒地！这时，我们民族\就可以无愧色的立在人类的面前，而生育我们的母亲，也会最美丽地装饰起来，与世界上各位母亲们\平等地携手了。这么光荣的一天，决不在辽远的将来，而在很近的将来，我们可以这样相信的，朋友 o！

今日词条

提、打、挺、松

这是语音发声吐字训练方法之一。专业的用气发声比生活语言口腔开度要大，打开口腔要有提起上腭的感觉，同时下腭要放松，上腭的提起和下颚的放松可以适当加大口腔容量，为字音的拉开立起创造条件。这个状态是通过"提起颧肌，打开牙关，挺起软腭，放松下巴"来实现的，简称"提、打、挺、松"。提颧肌，颧肌稍有紧张感，口腔前部及上腭顶部有展宽感，上唇展开贴住上齿，使唇的运动有了依托；打开牙关，主要指双侧上后槽牙，保持向上提起的感觉；挺起软腭，指抬起上腭后部的动作；放松下巴，可以避免下腭紧张带来的舌骨后移，喉头上提，发声紧张。

字音训练

声母 j，韵母 un、ün 的训练

声母 j 单音节练习

级·jí	加·jiā	姐·jiě	叫·jiào
九·jiǔ	决·jué	今·jīn	姜·jiāng
静·jìng	句·jù	倔·jué	卷·juǎn
君·jūn	囧·jiǒng		

声母 j 双音节练习

积极·jī jí	集结·jí jié	即将·jí jiāng	寂静·jì jìng
寄居·jì jū	家教·jiā jiào	家具·jiā jù	夹击·jiā jī
加剧·jiā jù	坚决·jiān jué	检举·jiǎn jǔ	建交·jiàn jiāo
将军·jiāng jūn	僵局·jiāng jú	讲解·jiǎng jiě	交际·jiāo jì
交接·jiāo jiē	焦距·jiāo jù	接见·jiē jiàn	洁净·jié jìng

韵母 un 单音节练习

温·wēn	吨·dūn	吞·tūn	伦·lún
尊·zūn	笋·sǔn	村·cūn	准·zhǔn
顺·shùn	纯·chún	润·rùn	棍·gùn
困·kùn	魂·hún		

韵母 un 双音节练习

滚滚·gǔn gǔn	混沌·hùn dùn	困顿·kùn dùn

昆仑·kūn lún　　温存·wēn cún　　温顺·wēn shùn

谆谆·zhūn zhūn　　论文·lùn wén　　馄饨·hún tun

春笋·chūn sǔn　　伦敦·lún dūn

韵母 ün 单音节练习

君·jūn　　　　群·qún　　　　训·xùn　　　　晕·yūn

韵母 ün 双音节练习

军训·jūn xùn　　均匀·jūn yún　　芸芸·yún yún

循循·xún xún　　菌群·jūn qún　　逡巡·qūn xún

熏熏·xūn xūn　　群云·qún yún

声母 j 四音节练习

金句集锦　　　斤斤计较　　　经济拮据　　　将计就计

加加减减　　　渐行渐远　　　即将解决　　　积极进取

韵母 un 四音节练习

谆谆教诲　　　滚滚红尘　　　慢慢吞吞　　　混沌不清

论文留存　　　温润如玉　　　浑浑噩噩　　　昏昏欲睡

韵母 ün 四音节练习

芸芸众生　　　循循善诱　　　君临天下　　　群策群力

扫码收听绕口令及
文章范读并跟读

绕口令朗读 //

j 音

时间接近建军节

姐姐加紧练讲解

建军节讲歼击机

姐姐积极讲解创佳绩

un 音

孙家村的孙雯到伦敦

昏昏沉沉想吃炖春笋

孙家村的村民捆好春笋寄伦敦

孙雯炖好春笋配馄饨

ün 音

芸芸军训穿军裙

寻来红裙与绿裙

穿好军裙去军训

万里无云，芸芸不犯晕

古文朗读

诗经 · 郑风 · 出其东门

出其东门，有女如云。

虽则如云，匪 fēi 我思存。

缟 gǎo 衣綦 qí 巾，聊乐我员 yún。

出其闉 yīn 阇 dū，有女如荼。

虽则如荼，匪我思且 jū。

缟衣茹 rú 藘 lǘ，聊可与娱。

白话译文 //

我走出了城东门，只见女子多如云。

虽然女子多如云，但不是我心上人。

身着白衣绿裙人，才让我乐又亲近。

我走出了外城门，只见女子多如花。

虽然女子多如花，但不是我爱的人。

身着白衣红佩巾，才让我爱又欢欣。

朗读贴士 //

这是《诗经》中一篇非常优美、典雅的爱情诗，表现的是男子专情于女子，而在感情中心无旁骛的状态。其中较难理解的生僻词"缟衣綦巾、缟衣茹藘"等，都是用穿着扮相去指代女子本人，也就是男主人公所爱之人。这首诗既表达出对于专情男子的赞美，又隐晦地批判了那些见异思迁的负心汉。《诗经》因为距离我们年代久远，所以当中免不了有一些生僻字，并且词句的理解也有一定门槛，但是它又是实实在在的经典，是我们应当去传承的。在朗读《诗经》等古文作品时，一定要先查阅生僻字，将其读音与释义做通盘了解，然后对着白话译文一句一句加深理解，之后领会文意，确定基调，剩下的朗读技巧与白话文朗读无异。这首作品的语言表达基调可以随读者的理解不同而略有不同。如果我们将其理解为男子与女子之间爱情美满、恩爱幸福，那么基调可以热烈欢畅、充满期许；如果我们将其理解为男子失去了所爱之人，曾经沧海难为水，思念过去的美好，那么基调则应该深沉和缓、哀伤惆怅。古文的诵读需要我们加深理解，才能较好表现出其神韵。能将距今数千年的《诗经》表达到位，会让我们的语言表达能力有很大提升。

朗读技巧标记版 //

彩字重音，\停顿，^连接，O虚声送气

语势上扬╱语势下降╲

出其东门，╱有女如云。

虽则如云，＼匪我思存。

／缟衣綦巾，＼聊乐＼我员。

出其闉闍，／有女如荼。

虽则如荼，＼匪我思且。

／缟衣茹蘆＾，聊可与娱。

（＼聊可＼与娱ｏ）

我曾经爱过你

（俄）普希金

我曾经爱过你：爱情，也许

在我的心里还没有完全消亡，

但愿它不会再打扰你；

我也不想再使你难过悲伤。

我曾经默默无语地，

毫无指望地爱过你，

我既忍受着羞怯，

又忍受着嫉妒的折磨；

我曾经那样真诚，

那样温柔地爱过你，

但愿上帝保佑你，

另一个人也会像我一样地爱你。

朗读贴士 //

这是俄国文坛巨匠普希金的爱情诗。在200多年前，年轻的普希金深爱着一个叫奥列妮娜的姑娘，但是因为世俗的力量两人无法将爱情进行到底，所以在抱憾之下，普希金写就这首小诗，表达的是一种永恒的情感，使得它在200多年后历久弥新，被一代又一代痴男怨女所钟情。这首诗基调哀婉，朗读时，节奏缓慢，语气低沉，尤其注意虚实结合，在虚声的运用中去较好地完成抒情。

朗读技巧标记版 //

彩字重音，\ 停顿，^ 连接，o 虚声送气

我曾经爱过你：爱情 o，也许

在我的心里 \ 还没有完全消亡，

但愿它不会再打扰你；

我也不想再使你 \ 难过悲伤 o。

我曾经默默无语地，

毫无指望地爱过你，

我既忍受着羞怯，

又忍受着嫉妒的折磨 o；

我曾经那样真诚 ^，

那样温柔地爱过你，

但愿上帝 \ 保佑你，

另一个人 \ 也会像我一样地 \ 爱你 o。

▶ 今日词条

口腔控制

口腔控制主要指发音时咬字器官的整体配合状态，为使语音准确清晰、声音圆润集中而对口腔各发音器官的发音动作进行适度调节，是发声训练的重要环节，也是初学者从松散的发音状态向训练有素的发音状态过渡的重要一步。口腔控制训练包括咬字器官训练和吐字归音训练两部分。

喉部控制

我们在发声过程中对喉部的支配能力和支配技巧，不仅决定音色特征和声音质量，影响语言表达效果，还影响着喉这一重要发声器官自身的艺术寿命。我们必须在了解喉和喉的功能的基础上，运用系统科学的练声方法修整、调制自己的嗓音，将这部分器官的潜在能力尽可能地发掘出来。具体要领包括喉头相对稳定，喉头相对放松，喉部控制与呼吸控制、口腔控制配合，注意克服不良发声习惯和动作。

共鸣控制

共鸣控制在科学发声中是很重要的一环，区别于其他艺术语言发声。一个人的共鸣腔是天生的，无法改变，可以通过共鸣的调节，经过后天的训练加以改善。通过共鸣控制，使声音具有高低、强弱、圆展等不同变化，有助于感情和声音色彩的统一。科学发声对共鸣的控制首先体现在发声时的精神状态上，要保持积极的状态，以使各共鸣腔尤其是口腔腔壁舒展、积极，加强声波的反射能力，加强共鸣的产生。科学发声对共鸣的控制还体现在形成字音的过程中，对可调节共鸣腔的调节过程要保持顺畅、明确。科学发声对共鸣的控制，是一种综合控制过程，要保证呼吸控制、口腔控制、喉部控制与共鸣控制的协调一致，相互支持。共鸣控制训练具体包括：单元音练习、加强胸腔共鸣练习、改善口腔共鸣练习和增加适量鼻腔共鸣练习。

 字音训练

声母 q，韵母 ang、iang 的训练

声母 q 单音节练习

七·qī	掐·qiā	切·qiē	桥·qiáo
丘·qiū	钱·qián	芹·qín	墙·qiáng
清·qīng	区·qū	缺·quē	权·quán
裙·qún	穷·qióng	巧·qiǎo	

声母 q 双音节练习

漆器·qī qì	凄切·qī qiè	齐全·qí quán
弃权·qì quán	恰巧·qià qiǎo	祈求·qí qiú
欠缺·qiàn quē	窃取·qiè qǔ	亲戚·qīn qi
轻骑·qīng qí	情趣·qíng qù	请求·qǐng qiú
全球·quán qiú	缺钱·quē qián	崎岖·qí qū

韵母 ang 单音节练习

棒·bàng	胖·pàng	盲·máng
房·fáng	脏·zāng	苍·cāng
桑·sāng	当·dàng	堂·táng
囊·náng	狼·láng	张·zhāng
长·zhǎng	上·shàng	刚·gāng
康·kāng	杭·háng	

韵母 ang 双音节练习

帮忙·bāng máng	浪荡·làng dàng	盲肠·máng cháng
仓房·cāng fáng	商场·shāng chǎng	沧桑·cāng sāng
上场·shàng chǎng	苍茫·cāng máng	厂房·chǎng fáng
上当·shàng dàng	长方·cháng fāng	上房·shàng fáng
商行·shāng háng	常常·cháng cháng	当场·dāng chǎng

韵母 iang 单音节练习

阳·yáng	江·jiāng	枪·qiāng
香·xiāng	良·liáng	娘·niáng

韵母 iang 双音节练习

香江·xiāng jiāng	粮饷·liáng xiǎng	洋相·yáng xiàng
良乡·liáng xiāng	踉跄·liàng qiàng	良将·liáng jiàng
两样·liǎng yàng	亮相·liàng xiàng	想象·xiǎng xiàng
响亮·xiǎng liàng	向阳·xiàng yáng	洋枪·yáng qiāng

声母 q 四音节练习

轻轻悄悄	凄凄切切	倾情奉献	清清白白
投机取巧	求全责备	牵强附会	千秋万代

韵母 ang 四音节练习

慌慌张张	莽莽撞撞	方方正正	当头棒喝
常读常新	沧海桑田	伤亡惨重	皇皇巨著

韵母 iang 四音节练习

洋洋洒洒	踉踉跄跄	三三两两	奖项亮眼
精兵强将	两江总督	湘江两岸	酱香醇厚

扫码收听绕口令及
文章范读并跟读

绕口令朗读 //

q 音
奇奇娶妻，缺钱找亲戚
凄凄切切，求借七千七
亲戚缺钱，悄悄躲出去
奇奇生气，拳拳打亲戚

ang 音
张邦昌当上杭钢厂厂长
杨煌光当香港商行行长
张邦昌从上杭到香港找杨煌光帮忙
杨煌光帮张邦昌在香港商行卖钢

爱莲说

（北宋）周敦颐

水陆草木之花，可爱者甚蕃。晋陶渊明独爱菊。自李唐来，世人甚爱牡丹。予独爱莲之出淤泥而不染，濯清涟而不妖，中通外直，不蔓不枝，香远益清，亭亭净植，可远观而不可亵玩焉。

予谓菊，花之隐逸者也；牡丹，花之富贵者也；莲，花之君子者也。噫！菊之爱，陶后鲜有闻。莲之爱，同予者何人？牡丹之爱，宜乎众矣！

白话译文 //

水上和陆地上的各种花草树木，值得喜爱的非常多。晋朝陶渊明唯独喜爱菊花。从唐朝以来世间的人们非常喜爱牡丹。我唯独喜爱莲花，它从淤泥中长出来，却不沾染污秽，在清水里洗涤过但是不显得妖媚，它的茎中间贯通，外形挺直，不生枝蔓，不长枝节，香气远播，更加清香，笔直地洁净地立在那里，可以远远地观赏但是不能玩弄它。

我认为，菊花是花中的隐士；牡丹，是花中的富贵者；莲花，是花中的君子。唉！对于菊花的喜爱，在陶渊明以后很少听到了。对于莲花的喜爱，和我一样的还有谁？对于牡丹的喜爱，当然有很多人有了。

朗读贴士 //

这篇《爱莲说》是宋代理学家周敦颐的文言散文。这是周敦颐在江西赣州任职，观赏附近莲池时所写。全文通过对"莲"这种植物的赞美和歌颂，来抒发作者自身对于高洁人格的追求。这篇文章代代相传，是文人们表明心志的重要文本。它也直接影响到了清王朝的政治安排——康熙第一次见到幼年时代的乾隆时，乾隆为康熙背诵和讲解的就是这篇《爱莲说》，这令康熙大为惊讶，并且从此带进宫中抚养。朗读这篇文稿时，基调宁静深邃、语气淡泊，在读到对莲的描写时，应节奏加快，语气加强。

朗读技巧标记版

彩字重音，\ 停顿，^ 连接，o 虚声送气

水陆草木之花，可爱者甚蕃。晋陶渊明 \ 独爱菊。自李唐来，世人甚爱牡丹。予独爱莲之 \ 出淤泥而不染 ^，濯清涟而不妖，中通外直 ^，不蔓不枝，香远益清 ^，亭亭净植，可远观而不可亵玩焉 o。予谓菊，花之隐逸者也；牡丹，花之富贵者也；莲，花之君子者也。噫 o！菊之爱，陶后鲜有闻。莲之爱，同予者何人？牡丹之爱，宜乎众矣！

现代文朗读

我的恋人

戴望舒

我将对你说我的恋人,

我的恋人是一个羞涩的人,

她是羞涩的,有着桃色的脸,

桃色的嘴唇,和一颗天青色的心。

她有黑色的大眼睛,

那不敢凝看我的黑色的大眼睛

——不是不敢,那是因为她是羞涩的,

而当我依在她胸头的时候,

你可以说她的眼睛是变换了颜色,

天青的颜色,她的心的颜色。

她有纤纤的手,

它会在我烦忧的时候安抚我,

她有清朗而爱娇的声音,

那是只向我说着温柔话的,

温柔到销熔了我的心的话的。

她是一个静娴的少女,

她知道如何爱一个爱她的人,

但是我永远不能对你说她的名字,

因为她是一个羞涩的恋人。

朗读贴士 //

戴望舒原名戴朝安，是出生于浙江杭州的民国文人，他因为《雨巷》而著名，被称为"雨巷诗人"。无论是《雨巷》中的"丁香姑娘"，还是这首《我的恋人》中的少女，在现实中写的都是同一位女性，那就是戴望舒好友施蛰存的妹妹施绛年。正是跟这位比自己小五岁的女性的爱恨情仇，让戴望舒创作出了大量优美、惆怅的爱情诗。在这篇《我的恋人》当中，戴望舒表达出了一种诚挚而热烈的爱，一种对恋人的无比珍惜与呵护。朗读时，使用中低音域，虚实结合，语气轻柔曼妙，有一种在人耳边娓娓道来之感。音量避免过高，声音避免过实，节奏不能太快，否则都将破坏总体氛围。

朗读技巧标记版 //

彩字重音，\停顿，^连接，○虚声送气

我将对你说我的恋人，

我的恋人\是一个羞涩的人，

她是羞涩的○，有着桃色的脸，

桃色的嘴唇，和一颗天青色的心。

她有黑色的大眼睛，

那不敢凝看我的\黑色的大眼睛

——不是不敢，那是因为她是羞涩的，

而当我依在她胸头的时候，

你可以说她的眼睛 \ 是变换了颜色，

天青的颜色^，她的 \ 心的颜色。

她有纤纤的手，

它会在我烦忧的时候安抚我，

她有清朗而爱娇的声音，

那是只向我 \ 说着温柔话的，

温柔到销熔了我的心的话的 o 。

她是一个静娴的少女，

她知道如何爱一个 \ 爱她的人，

但是我永远不能对你说 \ 她的名字，

因为她是一个 \ 羞涩的恋人 o 。

▶ 今日词条

情、声、气的关系

所谓情，是指在语言表达中由稿件具体化、用有声语言表达出来的稿件的思想感情。所谓声，是指规范化、艺术化了的有声语言。所谓气，是指在使用胸腹联合呼吸法即两肋打开、丹田用力的用气方法的过程中，形成气根和气柱，自如地控制吸气、呼气的气量与流速，以便增强发声的支撑力量、减少声带的压力、加大唇舌喷弹力的幅度。讲究"情取其高、声取其中、气取其深"。情是主导，是内在的；气息、声音是被引导的，是外在的。情只有通过声音和气息才可以表达，声音和气息对于思想感情的表达又绝不是消极的与机械的，而是积极的和灵动的。表达过程中气息是运动的，声音是自如的，气托声，声传情。用一句话来形象地概括：情感是君王，气息是统帅，声音是士兵。

思想感情的运动状态

这是指语言表达者对语言内容进行具体感受的深化，是指由语言内容引发的思想感情从积聚到迸发的状态。这也是我们的思想感情随着语言内容的发展而不断变化的状态。思想感情的运动状态是声音创作的重要心理依据，是声音创作的前提和保证，有着十分重要的意义。

字音训练

声母 x，韵母 eng、ong 的训练

声母 x 单音节练习

喜·xǐ	夏·xià	写·xiě	孝·xiào
修·xiū	县·xiàn	信·xìn	香·xiāng
行·xíng	需·xū	雪·xuě	悬·xuán
寻·xún	熊·xióng		

声母 x 双音节练习

嬉戏·xī xì	习性·xí xìng	喜讯·xǐ xùn	细心·xì xīn
狭小·xiá xiǎo	下乡·xià xiāng	下旬·xià xún	鲜血·xiān xuè
纤细·xiān xì	显现·xiǎn xiàn	现象·xiàn xiàng	现行·xiàn xíng
相信·xiāng xìn	想象·xiǎng xiàng	消息·xiāo xi	行星·xíng xīng

韵母 eng 单音节练习

崩·bēng	碰·pèng	孟·mèng	凤·fèng
增·zēng	层·céng	僧·sēng	登·dēng
疼·téng	能·néng	冷·lěng	郑·zhèng
程·chéng	生·shēng	耕·gēng	坑·kēng
恒·héng			

韵母 eng 双音节练习

萌生·méng shēng	声称·shēng chēng	整风·zhěng fēng
逞能·chěng néng	升腾·shēng téng	生成·shēng chéng

省城·shěng chéng 丰盛·fēng shèng 征程·zhēng chéng

登程·dēng chéng 蒸腾·zhēng téng 风筝·fēng zheng

韵母 ong 单音节练习

总·zǒng 葱·cōng 宋·sòng 东·dōng

彤·tóng 农·nóng 龙·lóng 重·zhòng

冲·chōng 荣·róng 共·gòng 控·kòng

鸿·hóng

韵母 ong 双音节练习

动容·dòng róng 工种·gōng zhǒng 童工·tóng gōng 轰隆·hōng lóng

红铜·hóng tóng 红肿·hóng zhǒng 空洞·kōng dòng 空中·kōng zhōng

恐龙·kǒng lóng 龙宫·lóng gōng 隆冬·lóng dōng 隆重·lóng zhòng

脓肿·nóng zhǒng 瞳孔·tóng kǒng 中东·zhōng dōng

声母 x 四音节练习

惺惺相惜 详细信息 线下学习 虚心求教

循序渐进 心胸狭隘 雄心壮志 兴修学校

韵母 eng 四音节练习

乘风破浪 承蒙关照 鹏程万里 五谷丰登

层层叠叠 诚诚恳恳 冷冷清清 风声鹤唳

韵母 ong 四音节练习

红红火火 浓墨重彩 空空荡荡 公共卫生

共同开发 轰动一时 郁郁葱葱 荣辱与共

绕口令朗读 //

x 音
新乡乡下小学校
线下线上学习巧
新兴信息现代化
乡下小学新形象

eng 音
郑胜腾乘车去省城
耿鹏峰省城卖风筝
郑胜腾碰倒耿鹏峰的风筝摊
耿鹏峰一边喊疼
一边拦住郑胜腾要他赔风筝

ong 音
空中一条龙
宫中一片红
农家不见虫
四海皆兴隆

古文朗读

笠翁对韵·一东

（清）李渔

天对地，雨对风。大陆对长空。山花对海树，赤日对苍穹。雷隐隐，雾蒙 méng 蒙。日下对天中。风高秋月白，雨霁 jì 晚霞红。牛女二星河左右，参 shēn 商两曜 yào 斗 dǒu 西东。十月塞 sài 边，飒飒寒霜惊戍 shù 旅；三冬江上，漫漫朔 shuò 雪冷渔翁。

河对汉，绿对红。雨伯对雷公。烟楼对雪洞，月殿对天宫。云叆叇 ài dài，日曈 tóng 朦。腊屐 jī 对渔蓬。过天星似箭，吐 tǔ 魄月如弓。驿旅客逢梅子雨，池亭人挹 yì 藕花风。茅店村前，皓月坠林鸡唱韵；板桥路上，青霜锁道马行踪。

山对海，华 huà 对嵩 sōng。四岳对三公。宫花对禁柳，塞 sài 雁对江龙。清暑殿，广寒宫。拾翠对题红。庄周梦化蝶，吕望兆飞熊。北牖 yǒu 当风停夏扇，南檐曝 pù 日省冬烘。鹤舞楼头，玉笛弄残仙子月；凤翔台上，紫箫吹断美人风。

朗读贴士 //

《笠翁对韵》与《声律启蒙》一样，都是古人编辑用来教育孩童掌握声韵格律的启蒙读物，让孩子们在写作中能够知晓音韵、掌握对仗。当中，从单字到多字，层层叠对，读起来朗朗上口，音韵的美感无穷。朗读《笠翁对韵》，首先要对当中的字音尤其是生僻字字音做通篇了解，保证能够顺畅诵读。在诵读过程中，切忌见字出声，而要理解字里行间的逻辑、情感，朗读时入情入心。朗读基调保持积极昂扬，对比性的重音要有一个突出展现，因为它是各种诗文的集合，所以读到不同色彩的诗文时要辅以不同色彩的语气，一一对照，跳跃进行。

朗读技巧标记版 //

彩字重音，\ 停顿，^ 连接，o 虚声送气

天对地，雨对风。大陆对长空。山花对海树^，赤日对苍穹。雷隐隐，雾蒙 méng 蒙。日下对天中。风高秋月白，雨霁 jì 晚霞红。牛女二星河左右^，参 shēn 商两曜 yào 斗 dǒu 西东。十月塞 sài 边，飒飒寒霜惊戍 shù 旅；三冬江上，漫漫朔 shuò 雪\冷渔翁 o。

河对汉，绿对红。雨伯对雷公。烟楼对雪洞^，月殿对天宫。云叆叇 ài dài，日曈 tóng 朦。腊屐 jī 对渔蓬。过天星似箭^，吐魄月如弓。驿旅客逢梅子雨，池亭人挹 yì 藕花风。茅店村前，皓月坠林鸡唱韵；板桥路上，青霜锁道\马行踪 o。

山对海，华 huà 对嵩 sōng。四岳对三公。宫花对禁柳^，塞 sài 雁对江龙。清暑殿，广寒宫。拾翠对题红。庄周梦化蝶，吕望兆飞熊。北牖 yǒu 当风停夏扇^，南檐曝 pù 日省冬烘。鹤舞楼头，玉笛弄残仙子月；凤翔台上，紫箫吹断\美人风 o。

现代文朗读

松花江上

张寒晖

我的家在东北松花江上，

那里有森林煤矿，

还有那满山遍野的大豆高粱。

我的家在东北松花江上，

那里有我的同胞，

还有那衰老的爹娘。

九一八，九一八，

从那个悲惨的时候！

九一八，九一八！

从那个悲惨的时候，

脱离了我的家乡，

抛弃那无尽的宝藏，

流浪！流浪！

整日价在关内，流浪！

哪年，哪月，

才能够回到我那可爱的故乡？

哪年，哪月，

才能够收回那无尽的宝藏？

爹娘啊，爹娘啊。

什么时候，

才能欢聚一堂？

朗读贴士 //

这首《松花江上》，是张寒晖于1935年创作的一首歌，歌曲哀婉、歌词沉重，控诉了日本侵略者通过"九一八"暴行，侵占我国东北领土的卑鄙行径，也展示了流离失所的东北同胞们的悲痛与绝望。这首歌词极为真切，因为它是作者实地走访攀谈东北军民所记录的第一手素材。其中，后半部分的许多呐喊更是直接取自女子们在坟头对去世亲人的哭诉。我们在朗读时，要牢牢拿捏"控诉"二字的分量，前半部分的铺垫，欲扬先抑，情绪稍弱，但基调要展示出悲怆的底色，从"九一八"开始，就要呈现出较为明显的语势的高低强弱的变化，将东北民众们一声声发自心底的呐喊，用富于变化语流进行有力呈现。本文的诵读切忌一味哭腔或是一喊到底，这些都会让听者走神。

朗读技巧标记版 //

彩字重音，\停顿，^连接，o虚声送气

语势上扬╱语势下降╲

我的家\在东北松花江上，

那里有森林\煤矿，

还有那满山遍野的大豆\高粱o。

我的家o\在东北松花江上^，

那里有我的同胞，

还有那\衰老的爹娘。

九一八，╱九一八，

从那个╱悲惨的时候！

╲九一八，╲九一八！

从那个╲悲惨的时候，

脱离了我的家乡，

抛弃那无尽的宝藏，

流浪！╱流浪！

整日价在关内，╲流浪！

哪年，╱哪月，

才能够回到我那可爱的故乡？

哪年，╲哪月，

才能够收回那╲无尽的宝藏？

爹娘啊，╱爹娘啊。

什么时候，

才能╱欢聚╲一堂 o？

▶ 今日词条

字正腔圆

字正腔圆是话语表达的技巧准则和审美准则，适用于各种不同的话语样式，在普通话语音和科学发声中体现为字音的颗粒饱满、字字珠玑，声音的圆润清晰、悦耳动听。"字正"指语音纯正，具体包括声母发音部位准确、发音方法得当；韵母归音到位，韵程饱满；声调幅度到位等。"腔圆"指声音圆润动听、悦耳响亮，具体包括话语表达线条美、声音音色美、力度和速度的变化美等。

声形俱佳

声形俱佳是指个人气质中声音与形体的和谐统一状态。声佳，指语音标准、声音悦耳、口齿清晰、表达准确、语言畅达；形佳，指形象端庄、仪态大方、举止文明、气质高雅。标准、规范的普通话语音，清晰的口齿和圆润的嗓音条件，较好的语言感受能力和表达能力是声音的基础。端庄大方的形象、脱俗的气质条件、充分的亲和力是形象的基础。良好的声音表达可以补足外形条件，极大提升自身气质。

扫码收听字词
范读并跟读

字音训练

声母 g，韵母 iong、uang 的训练

声母 g 单音节练习

旮·gā	各·gè	改·gǎi	给·gěi
狗·gǒu	赶·gǎn	跟·gēn	刚·gāng
更·gèng	故·gù	刮·guā	国·guó
乖·guāi	贵·guì	关·guān	滚·gǔn
广·guǎng	攻·gōng		

声母 g 双音节练习

刚刚·gāng gāng	哥哥·gē ge	广告·guǎng gào	故宫·gù gōng
尴尬·gān gà	公共·gōng gòng	改革·gǎi gé	巩固·gǒng gù
拐棍·guǎi gùn	高贵·gāo guì	梗概·gěng gài	高官·gāo guān
灌溉·guàn gài	古怪·gǔ guài	亘古·gèn gǔ	姑姑·gū gu

韵母 iong 单音节练习

永·yǒng	窘·jiǒng	琼·qióng	熊·xióng
用·yòng	囧·jiǒng	穷·qióng	凶·xiōng

韵母 iong 双音节练习

炯炯·jiǒng jiǒng	汹汹·xiōng xiōng	熊熊·xióng xióng
汹涌·xiōng yǒng	茕茕·qióng qióng	

韵母 uang 单音节练习

王·wáng   装·zhuāng   床·chuáng   爽·shuǎng

广·guǎng   况·kuàng   黄·huáng   望·wàng

韵母 uang 双音节练习

装潢·zhuāng huáng   惶惶·huáng huáng

黄光·huáng guāng   闯王·chuǎng wáng

双簧·shuāng huáng   忘光·wàng guāng

网状·wǎng zhuàng   矿床·kuàng chuáng

声母 g 四音节练习

呱呱坠地   古灵精怪   亘古不变   滚滚红尘

肱股之臣   高光时刻   略有改观   改过自新

韵母 iong 四音节练习

炯炯有神   来势汹汹   熊熊大火   波涛汹涌

茕茕孑立   琼浆玉液   用兵如神   穷途末路

韵母 uang 四音节练习

王不见王   皇皇巨著   人心惶惶   鬼影幢幢

望尘莫及   广为人知   装神弄鬼   黄粱一梦

绕口令朗读 //

g 音
哥哥养鸽
鸽搁阁楼咕咕叫
姑姑做鼓
鼓逗哥哥咯咯笑

iong 音
熊勇勇敢练游泳
仰泳、蛙泳、自由泳
水浪汹涌他不怕
勇敢游泳是英雄

uang 音
王和黄要分清
皇帝不念王帝
装潢不念装王
黄光不念王光
凤凰不念凤王
尤其姓王和姓黄
念错别人心不爽

摸鱼儿·雁丘词

（金）元好问

乙丑岁赴试并州，道逢捕雁者云："今旦获一雁，杀之矣。其脱网者悲鸣不能去，竟自投于地而死。"予因买得之，葬之汾水之上，垒石为识，号曰"雁丘"。同行者多为赋诗，予亦有《雁丘词》。

问世间，情为何物，直教生死相许？天南地北双飞客，老翅几回寒暑。欢乐趣，离别苦，就中更有痴儿女。君应有语：渺万里层云，千山暮雪，只影向谁去？

横汾路，寂寞当年箫鼓，荒烟依旧平楚。招魂楚些何嗟及，山鬼暗啼风雨。天也妒，未信与，莺儿燕子俱黄土。千秋万古，为留待骚人，狂歌痛饮，来访《雁丘处》。

白话译文 //

泰和五年，我赴并州赶考，偶遇一个猎人说了一个故事：猎人将捕到的雁杀了，另一只已经逃走的雁却不肯离去，不断悲鸣，最后终于坠地自杀。我非常感动，花钱买了这对雁，把它们葬在汾水岸边，堆石为记，名为雁丘。同行的人都为这件事写了诗，写下这首《雁丘词》。

天啊！请问世间的各位，爱情究竟是什么，竟会令这两只飞雁以生死来相对待？南飞北归遥远的路程都比翼双飞，任它多少个冬寒夏暑，依旧恩爱相依为命。比翼双飞虽然快乐，但离别才真的是楚痛难受。到此刻，方知这痴情的双雁竟比人间痴情儿女更加痴情！相依相伴，形影不离的情侣已逝，真情的雁儿心里应该知道，此去万里，形孤影单，前程渺渺路漫漫，每年寒暑，飞万里越千山，晨风暮雪，失去一生的至爱，形单影只，即使苟且活下去又有什么意义呢？

这汾水一带，当年本是汉武帝巡幸游乐的地方，每当武帝出巡，总是箫鼓喧天，棹歌四起，何等热闹，而今却是冷烟衰草，一派萧条冷落。武帝已死，招魂也无济于事。女山神因之枉自悲啼，而死者却不会再归来了！双雁生死相许的深情连上天也嫉妒，殉情的大雁决不会和莺儿燕子一般，死后化为一抔尘土。将会留得生前身后名，与世长存。狂歌纵酒，寻访雁丘坟故地，来祭奠这一对爱侣的亡灵。

朗读贴士 //

这是金国文人元好问在赶考途中偶遇原本双宿双飞的大雁，因配偶被杀而殉情的奇事，心有所感写就的一首词。当中"问世间，情为何物，直教生死相许"因为金庸在《神雕侠侣》中的引用，而脍炙人口。这首词虽然写情，但却不流于俗套，而是将爱情写得极为大气，温婉中透出一股雄浑之气。朗读时，就要着力表现这种大气。其中第一段语流较为和缓，不必着墨太多，第二段第一句即为全文至高点，需要高开，语气饱满、伤感。全文最后一句同样坚定有力，一头一尾保持情感的充沛。作者在文中有许多用典之处，请先参看白话译文，了解这些文句的意涵再行朗读。

朗读技巧标记版 //

彩字重音，\ 停顿，^ 连接，o 虚声送气
语势上扬↗语势下降↘

乙丑岁\赴试并州，道逢捕雁者云："今旦\获一雁，杀之矣。其脱网者悲鸣不能去，竟自投于地\而死。"予因买得之，葬之汾水之上，垒石为识，号曰\"雁丘"。同行者\多为赋诗，予亦有\《雁丘词》。

问世间，↗情为何物，直教\↘生死相许？天南地北\双飞客，↗老翅\几回↘寒暑。欢乐趣，↘离别苦^，↗就中更有\↘痴儿女。君应有语：↗渺万里层云^，千山暮雪^，只影\↘向\谁\去o？

横汾路，寂寞当年箫鼓^，荒烟\↘依旧平楚。招魂楚些suò\↗何嗟及，山鬼\↘暗啼风雨。天也妒，未信与，↗莺儿燕子\↘俱黄土。千秋万古，↗为留待骚人^，↗狂歌痛饮^，来访\↘雁\丘\处o。

现代文朗读

青春

（德）萨缪尔·厄尔曼

青春不是年华，而是心境；青春不是桃面、丹唇、柔膝，而是深沉的意志、恢宏的想象、炽热的感情；青春是生命的深泉涌流。青春气贯长虹，勇锐盖过怯弱，进取压倒苟安。如此锐气，二十后生有之，六旬男子则更多见。年岁有加，并非垂老；理想丢弃，方堕暮年。

岁月悠悠，衰微只及肌肤；热忱抛却，颓唐必致灵魂。忧烦、惶恐、丧失自信，定使心灵扭曲，意气如灰。无论年届花甲，抑或二八芳龄，心中皆有生命之欢愉，奇迹之感召，孩童般天真久盛不衰。人的心灵应如浩渺瀚海，只有不断接纳美好、希望、欢乐、勇气和力量的百川，才能青春永驻、风华长存。

一旦心海枯竭，锐气便被冰雪覆盖，玩世不恭、自暴自弃油然而生，即使年方二十，实已垂垂老矣；然则只要虚怀若谷，让喜悦、达观、仁爱充盈其间，你就有望在八十高龄告别尘寰时仍觉年轻。

朗读贴士 //

这是德国作家萨缪尔·厄尔曼创作的世界知名散文，这篇散文非常积极向上，文中表达出了作者所诠释的"青春"的真谛——"青春不是年华，而是心境"，这勉励着一代代人在人到中年或者人之将老时，能够重拾信心，找回青春时代的活力与精神。

松下电器的创始人松下幸之助就一直将这篇文章中的句子作为自己的座右铭。朗读时，应基调昂扬向上，语调温暖，面带微笑，给人感觉坚定、奋发、充满活力。文中排比句较多，请注意标记符号，在节奏上、重音上努力呈现出"语无定势"之感，在听感上要不停呈现出语流变化。

朗读技巧标记版 //

彩字重音，\停顿，^连接，○虚声送气

青春不是 年华，而是 心境；青春不是 桃面^、 丹唇^、 柔膝^，而是深沉的意志^、恢宏的想象^、炽热的感情；青春是生命的\深泉涌流。青春气贯长虹，勇锐盖过怯弱^，进取压倒苟安。如此锐气，二十后生有之，六旬男子\则更多见。年岁有加^，并非垂老；理想丢弃，方堕暮年○。

岁月悠悠，衰微\只及肌肤；热忱抛却，颓唐必致灵魂。忧烦^、惶恐^、丧失自信，定使心灵扭曲，意气如灰。无论年届花甲，抑或二八芳龄，心中皆有生命之欢愉^，奇迹之感召，孩童般天真久盛不衰。人的心灵\应如浩渺瀚海，只有不断接纳美好^、希望^、欢乐^、勇气和力量的百川，才能青春永驻^、风华\长存。

一旦心海枯竭，锐气便被冰雪覆盖，玩世不恭^、自暴自弃油然而生，即使年方二十，实已垂垂老矣；然则只要虚怀若谷，让喜悦^、达观^、仁爱\充盈其间，你就有望在八十高龄告别尘寰时\仍觉年轻○。

今日词条

语势

语势是根据思想感情的运动状态，有声语言中语句发展或行进的趋向和态势，它包括声音强弱、高低、长短，气息深浅、多少、快慢，口腔状态松紧、开闭，舌位前后的综合变化态势。表达时候的语流应根据表达思想感情的需要呈现不规则的波浪式。必须坚持思想感情与声音形式的和谐统一，必须避免那种把某种思想感情纳入某种声音形式机械对应的做法。

固定腔调

固定腔调是以固定不变的声音形式应万变去表达内容，表现为理解不清、感受不深、声音不实，缺乏真挚的情感和变化的语流，给人呆板和肤浅的感觉。它的声音形式大体有以下几种类型：保险调、唱调、主持人调、念调、学生调。固定腔调是语言表达的大忌，是应当被克服的。我们必须保持声音与情感的高度统一，每日练习声音的抑扬顿挫、轻重缓急的变化，才能在应用中克服所谓的固定腔调。

扫码收听字词
范读并跟读

声母 k、h 的训练

声母 k 单音节练习

喀·kā	课·kè	开·kāi	拷·kǎo	寇·kòu
刊·kān	抗·kàng	坑·kēng	哭·kū	跨·kuà
扩·kuò	筷·kuài	愧·kuì	宽·kuān	昆·kūn
矿·kuàng	孔·kǒng			

声母 k 双音节练习

看看·kàn kan	坎坷·kǎn kě	旷课·kuàng kè
刻苦·kè kǔ	开口·kāi kǒu	慷慨·kāng kǎi
科考·kē kǎo	困苦·kùn kǔ	扣款·kòu kuǎn
可靠·kě kào	可控·kě kòng	空旷·kōng kuàng

声母 h 单音节练习

哈·hā	喝·hē	海·hǎi	黑·hēi	好·hǎo
后·hòu	悍·hàn	恨·hèn	航·háng	横·héng
虎·hǔ	华·huá	火·huǒ	踝·huái	会·huì
欢·huān	婚·hūn	慌·huāng	烘·hōng	

声母 h 双音节练习

黄昏·huáng hūn	呼唤·hū huàn	辉煌·huī huáng	浑厚·hún hòu
荷花·hé huā	绘画·huì huà	黄河·huáng hé	皇后·huáng hòu
海涵·hǎi hán	后悔·hòu huǐ	混合·hùn hé	狠狠·hěn hěn
合伙·hé huǒ	火花·huǒ huā	花海·huā hǎi	黄海·huáng hǎi

声母 k 四音节练习

| 坎坎坷坷 | 慷慨激昂 | 刻苦钻研 | 艰难困苦 |
| 夸夸其谈 | 款款深情 | 空空如也 | 空口无凭 |

声母 h 四音节练习

| 恍恍惚惚 | 含含糊糊 | 或好或坏 | 灿烂辉煌 |
| 浑厚低沉 | 呼和浩特 | 欢呼雀跃 | 明日黄花 |

绕口令朗读 //

h 音

海昏侯墓很豪华

花海环绕更辉煌

后汉皇室废侯爵

侯国幻灭了无痕

k 音

哥挎瓜筐过宽沟

赶快过沟看怪狗

光看怪狗瓜筐扣

瓜滚筐空哥怪狗

扫码收听绕口令及文章范读并跟读

少年中国说（节选）

梁启超

使举国之少年而果为少年也，则吾中国为未来之国，其进步未可量也。使举国之少年而亦为老大也，则吾中国为过去之国，其渐亡可翘足而待也。故今日之责任，不在他人，而全在我少年。少年智则国智，少年富则国富；少年强则国强，少年独立则国独立；少年自由则国自由，少年进步则国进步；少年胜于欧洲则国胜于欧洲，少年雄于地球则国雄于地球。红日初升，其道大光。河出伏流，一泻汪洋。潜龙腾渊，鳞爪飞扬。乳虎啸谷，百兽震惶。鹰隼试翼，风尘吸张。奇花初胎，矞矞皇皇。干将发硎，有作其芒。天戴其苍，地履其黄。纵有千古，横有八荒。前途似海，来日方长。美哉，我少年中国，与天不老！壮哉，我中国少年，与国无疆！

白话译文 //

假如全国的少年果真都是充满朝气的少年，那么我们中国作为未来的国家，进步是不可限量的。假如全国的少年也变成衰老腐朽的人，那么我们中国就会成为从前那样的国家，它的灭亡不久就要到来。所以说今天的责任，不在别人身上，全在我们少年身上。少年聪明我国家就聪明，少年富裕我国家就富裕；少年强大我国家就强大，少年独立我国家就独立；少年自由我国家就自由，少年进步我国家就进步；少年胜过欧洲，我国家就胜过欧洲，少年称雄于世界，我国家就称雄于世界。红日刚刚升起，道路充满霞光。黄河从地下冒出来，汹涌奔泻浩浩荡荡。潜龙从深渊中腾跃而起，它的鳞爪舞动飞扬。小老虎在山谷吼叫，所有的野兽都害怕惊慌。雄鹰隼鸟振翅欲飞，风和尘土高卷飞扬。奇花刚开始孕起蓓蕾，灿烂明丽茂盛茁壮。干将剑新磨，闪射出光芒。头顶着苍天，脚踏着大地。从纵向时间看悠久的历史，从横向空间看辽阔的疆域。前途像海一般宽广，未来的日子无限远长。美丽啊，我的少年中国，将与天地共存不老！雄壮啊，我的中国少年，他们的精神与胸襟将和祖国大地一样博大辽阔！

朗读贴士 //

这是一篇经典的爱国雄文，是梁启超在戊戌变法失败后，流亡日本期间所写。当时中国正在遭受八国联军侵华的劫难，海内外的华人社会在一片凄风惨雨中目睹了列强的狰狞与祖国的脆弱。于是，爱国文人们都在以笔为刀，发出振聋发聩的呐喊，以期待中华富强，民族复兴。我们今天朗读的这段就是《少年中国说》中最为经典的段落，作者将中国的未来寄望于年轻人，对中国的复兴充满了期待。朗读时，基调雄浑大气，语气热烈昂扬，文中排比较多，要在节奏上富于变化，读出快慢交错之感。首句至"红日初升"之前为第一层次，在"少年雄于地球则国雄于地球"处达到一个高点。"红日初升"至"来日方长"

为第二层次，当中皆为四字词，需要在节奏上不断变化，以免语流单调。"来日方长"之后为全文至高点，语气达到最强，将我们的满腔爱国之情在"与天不老""与国无疆"当中完全抒发。

朗读技巧标记版 //

彩字重音，\停顿，＾连接，ο虚声送气

使举国之少年\而果为少年也，则吾中国\为未来之国，其进步\未可量也。使举国之少年\而亦为老大也，则吾中国\为过去之国，其渐亡\可翘足而待也。故今日之责任，不在他人＾，而全在我\少年。少年智\则国智，少年富\则国富；少年强\则国强，少年独立\则国独立；少年自由则国自由＾，少年进步\则国进步；少年胜于欧洲\则国\胜于欧洲，少年雄于地球\则国\雄于地球。红日初升，其道\大光。河出伏流＾，一泻汪洋。潜龙腾渊＾，鳞爪飞扬。乳虎啸谷＾，百兽震惶。鹰隼试翼＾，风尘吸张。奇花初胎＾，矞矞皇皇。干将发硎＾，有作其芒。天戴其苍＾，地履其黄。纵有千古＾，横有八荒。前途似海，来日方长。美哉ο，我少年中国＾，与天不老！壮哉ο，我中国少年，与国\无疆！

住 的 梦

老舍

不管我的梦想能否成为事实，说出来总是好玩儿的。

春天，我将要住在杭州。二十年前，旧历的二月初，在西湖我看见了嫩柳与菜花，碧浪与翠竹。由我看到的那点儿春光，已经可以断定，杭州的春天必定会教人整天生活在诗与图画之中。所以，春天我的家应当是在杭州。

夏天，我想青城山应当算作最理想的地方。在那里，我虽然只住过十天，可是它的幽静已经拴住了我的心灵。在我所看见过的山水中，只有这里没有使我失望。到处都是绿，目之所及，那片淡而光润的绿色都在轻轻地颤动，仿佛要流入空中与心中似的。这个绿色会像音乐，涤清了心中的万虑。

秋天一定要住北平。天堂是什么样子，我不知道，但是从我的生活经验去判断，北平之秋便是天堂。论天气，不冷不热。论吃的，苹果、梨、柿子、枣儿、葡萄，每样都有若干种。论花草，菊花种类之多，花样之奇，可以甲天下。西山有红叶可见，北海可以划船——虽然荷花已残，荷叶可还有一片清香。衣食住行，在北平的秋天，是没有一项不使人满意的。

冬天，我还没有打好主意，成都或者相当的合适，虽然并不怎样和暖，可是为了水仙，素心腊梅，各色的茶花，仿佛就受一点儿寒冷，也颇值得去了。昆明的花也多，而且天气比成都好，可是旧书铺与精美而便宜的小吃远不及成都那么多。好吧，就暂这么规定：冬天不住成都便住昆明吧。

朗读贴士 //

这篇文章是老舍先生的经典篇目，也是普通话测试当中的考试篇目。这篇作品的巧妙之处在于，作者将四季分别"摊派"给了五个地方，然后由四季之美去描述这五地之魅力，表现出了老舍先生十足的文字功力。我们在进行朗读时，除去基本停连、重音、节奏等技巧之外，在语气中要进行铺排和设计，对春天的杭州、夏天的青城山、秋天的北京、冬天的成都与昆明赋予不同的语气，令人在听感上能够分辨出不同的层次，由你在朗读时候的声音变化去感受空间的转换。这种看似没有起伏的文章，其实难度颇大，因为它更需要你对于自己声音精巧细微的驾驭能力。那些大开大合、情节丰富的文章，往往是在用其情节本身的张力推着你表达，而诸如此类波澜不惊的文章，则是你在拽着它进行表达，对你语言功力的要求自然会更高。

朗读技巧标记版 //

彩字重音，＼停顿，＾连接，○虚声送气

不管我的梦想＼能否成为事实，说出来＼总是好玩儿的。

春天，我将要住在杭州。二十年前，旧历的二月初，在西湖\我看见了嫩柳与菜花^，碧浪与翠竹。由我看到的那点儿春光^，已经可以断定，杭州的春天\必定会教人\整天生活在诗与图画之中。所以，春天我的家\应当是在杭州。

夏天，我想\青城山\应当算作最理想的地方。在那里，我虽然只住过十天，可是它的幽静\已经拴住了我的心灵。在我所看见过的山水中，只有这里\没有使我失望。到处都是绿 o，目之所及，那片淡而光润的绿色\都在轻轻地颤动，仿佛要流入空中与心中似的。这个绿色\会像音乐，涤清了\心中的万虑。

秋天一定要住北平。天堂是什么样子，我不知道，但是从我的生活经验去判断，北平之秋\便是天堂。论天气，不冷不热。论吃的，苹果^、梨^、柿子^、枣儿^、葡萄，每样都有若干种。论花草，菊花\种类之多^，花样之奇，可以甲天下。西山有红叶可见，北海可以划船——虽然荷花已残，荷叶\可还有一片清香。衣食住行，在北平的秋天，是没有一项\不使人满意的。

冬天，我还没有打好主意，成都或者相当的合适，虽然并不怎样和暖，可是为了水仙^，素心腊梅^，各色的茶花，仿佛就受一点儿寒冷，也颇值得去了。昆明的花也多，而且天气比成都好，可是旧书铺与精美而便宜的小吃\远不及成都\那么多。好吧，就暂这么规定：冬天不住成都\便住昆明吧 o。

第二十一天 Day 21

▶ 今日词条

语言功力

语言功力指表达者的功底和能力，既有先天条件，如对有声语言主观的悟性和发音辨音的生理构成；也有后天养成，如感觉阈限的精密性、思维反应的敏锐性、思想感情的深邃性、表达技巧的高超性等。语言功力包括观察力、理解力、思辨力、感受力、表现力、鉴赏力、调检力、回馈力，其核心是表现力。我们每日的练习就是在不断提升自己的语言功力，达到对自己的声音和语言驾驭自如的状态。语言功力的夯实在于扎扎实实的练习，在于练习时间的不断积累，但愿每一位读者都能收获语言功力的提升。

扫码收听字词
范读并跟读

易错字词综合练习

平翘舌音的对比练习

最早·zuì zǎo —————— 追找·zhuī zhǎo

层次·céng cì —————— 城池·chéng chí

思索·sī suǒ —————— 师说·shī shuō

字词·zì cí —————— 支持·zhī chí

操作·cāo zuò —————— 超卓·chāo zhuó

造成·zào chéng —————— 罩层·zhào céng

自私·zì sī —————— 只是·zhǐ shì

四字·sì zì —————— 市值·shì zhí

暂时·zàn shí —————— 战死·zhàn sǐ

沧桑·cāng sāng —————— 厂商·chǎng shāng

四次·sì cì —————— 市尺·shì chǐ

测试·cè shì —————— 车丝·chē sī

前后鼻音的对比练习

亲信·qīn xìn —————— 庆幸·qìng xìng

近邻·jìn lín —————— 精灵·jīng líng

拼命·pīn mìng —————— 平民·píng mín

深深·shēn shēn —————— 声声·shēng shēng

深沉·shēn chén —————— 生成·shēng chéng

真诚·zhēn chéng —————— 成真·chéng zhēn

暗暗·àn àn	昂昂·áng áng
胆敢·dǎn gǎn	党纲·dǎng gāng
坦荡·tǎn dàng	糖弹·táng dàn

n、l 的对比练习

女客·nǚ kè	旅客·lǚ kè
难住·nán zhù	拦住·lán zhù
浓重·nóng zhòng	隆重·lóng zhòng
男女·nán nǚ	褴褛·lán lǚ
年年·nián nián	连连·lián lián
奶奶·nǎi nai	姥姥·lǎo lao
恼怒·nǎo nù	老路·lǎo lù
南宁·nán níng	兰陵·lán líng
年内·nián nèi	连累·lián lěi
牛腩·niú nǎn	浏览·liú lǎn
泥泞·ní nìng	立领·lì lǐng
袅袅·niǎo niǎo	寥寥·liáo liáo

f、h 的对比练习

耗费·hào fèi	海风·hǎi fēng	合肥·hé féi	符合·fú hé
发挥·fā huī	凤凰·fèng huáng	飞鱼·fēi yú	黑鱼·hēi yú
房子·fáng zi	幌子·huǎng zi	放荡·fàng dàng	晃荡·huàng dàng
芬芳·fēn fāng	昏黄·hūn huáng	夫妇·fū fù	户户·hù hù
发红·fā hóng	花红·huā hóng		

绕口令朗读 //

平翘舌音的对比
出租车司机驶出租车
送此住宿人找住宿证

前后鼻音的对比
身生亲母亲，
谨请您就寝，
安宁娘身心，
拳拳儿郎心。

f、h 的对比
黑化肥发灰会挥发
灰化肥挥发会发黑
黑化肥挥发发灰会花飞
灰化肥挥发发黑会飞花

n、l 的对比
牛郎年年恋刘娘
刘娘连连念牛郎
牛郎恋刘娘
刘娘念牛郎
郎恋娘来娘念郎

古文朗读

出师表

诸葛亮

臣亮言：先帝创业未半而中道崩殂，今天下三分，益州疲弊，此诚危急存亡之秋也。然侍卫之臣不懈于内，忠志之士忘身于外者，盖追先帝之殊遇，欲报之于陛下也。诚宜开张圣听，以光先帝遗德，恢弘志士之气，不宜妄自菲薄，引喻失义，以塞忠谏之路也。

白话译文 //

臣诸葛亮启奏：先帝创业还没有完成一半，就中途去世了，如今天下分为三国，我们蜀汉国力困弊，这真是危急存亡的时刻啊。然而侍卫臣僚在内勤劳不懈，忠心的将士在外舍身忘死，这是因为他们追念先帝的特殊恩遇，想在您的身上进行报答。您应该广泛听取群臣的意见，以发扬光大先帝遗留下的美德。激发志士的勇气，不应当随便看轻自己，说话不合道理，以堵塞忠臣进谏的道路。

宫中府中，俱为一体，陟罚臧否，不宜异同。若有作奸犯科及为忠善者，宜付有司论其刑赏，以昭陛下平明之理；不宜偏私，使内外异法也。

白话译文 //

皇宫中和朝廷里的大臣，本都是一个整体，奖惩功过，不应有所不同。如有作恶违法的人，或行为忠善的人，都应该交给主管官吏评定对他们的惩奖，以显示陛下处理国事的公正严明；而不应当有偏袒和私心，使宫内和朝廷奖罚方法不同。

侍中、侍郎郭攸之、费祎、董允等，此皆良实，志虑忠纯，是以先帝简拔以遗陛下。愚以为宫中之事，事无大小，悉以咨之，然后施行，必能裨补阙漏，有所广益。

白话译文 //

侍中、侍郎郭攸之、费祎、董允等人，都是善良诚实、心志忠贞纯洁的人，他们的志向和心思忠诚无二，因此先帝选拔他们留给陛下。我认为宫中之事，无论事情大小，都拿来与他们商讨，然后再实施，（这样）一定能够弥补缺点和疏漏之处，得到更多的好处。

将军向宠，性行淑均，晓畅军事，试用于昔日，先帝称之曰能，是以众议举宠为督。愚以为营中之事，悉以咨之，必能使行阵和睦，优劣得所。

白话译文 //

将军向宠，性格和品行善良公正，精通军事，在以前曾经试用过，先帝称赞他很有才能，因此众人商议推举他做中部督。我认为军营中的事，都拿来跟他商讨，就一定能使军队团结一心，不同才能的人各得其所。

亲贤臣，远小人，此先汉所以兴隆也；亲小人，远贤臣，此后汉所以倾颓也。先帝在时，每与臣论此事，未尝不叹息痛恨于桓、灵也。侍中、尚书、长史、参军，此悉贞良死节之臣。愿陛下亲之信之，则汉室之隆，可计日而待也。

白话译文 //

亲近贤臣，疏远小人，这是前汉兴盛的原因；亲近小人，疏远贤臣，这是后汉衰败的原因。先帝在世的时候，每逢跟我谈论这些事情，未尝不叹息而痛恨桓帝、灵帝时期的腐败。侍中、尚书、长史、参军，这些人都是忠贞贤良能够以死报国的忠臣，望陛下亲近他们信任他们，那么汉朝的复兴就指日可待了。

臣本布衣，躬耕于南阳，苟全性命于乱世，不求闻达于诸侯。先帝不以臣卑鄙，猥自枉屈，三顾臣于草庐之中，咨臣以当世之事，由是感激，遂许先帝以驱驰。后值倾覆，受任于败军之际，奉命于危难之间，尔来二十有一年矣。

白话译文 //

我本来是平民百姓，在南阳亲自耕田，在乱世中苟且保全性命，不奢求在诸侯之中出名。先帝不顾我身份卑微，屈尊下驾来看我，三次去我的茅庐拜访我，征询我对时局大事的意见，我因此十分感动，就答应为先帝奔走效劳。后来遇到兵败，我在战败的时候接到任务，形势危急之时奉行使命（出使东吴），从那以来已经二十一年了。

先帝知臣谨慎，故临崩寄臣以大事也。受命以来，夙夜忧叹，恐付托不效，以伤先帝之明，故五月渡泸，深入不毛。今南方已定，兵甲已足，当奖率三军，北定中原，庶竭驽钝，攘除奸凶，兴复汉室，还于旧都。此臣所以报先帝而忠陛下之职分也。至于斟酌损益，进尽忠言，则攸之、祎、允之任也。

白话译文 //

先帝知道我做事小心谨慎，所以临终时把国家大事托付给我。自接受遗命以来，我日夜忧虑叹息，只怕先帝托付给我的大任不能实现，以致有损先帝的知人之明，所以我五月（率军）渡过泸水，深入到人烟稀少的地方。现在南方已经平定，兵员装备已经充足，应当激励将领士兵平定中原，希望用尽我平庸的才能，铲除奸邪凶恶的敌人，振兴汉朝，返回原来的都城洛阳。这是我用以报答先帝尽忠陛下的职责。至于处理事务、斟酌情理、毫无保留地贡献忠言，那是郭攸之、费祎、董允等人的责任。

愿陛下托臣以讨贼兴复之效，不效，则治臣之罪，以告先帝之灵。若无兴德之言，则责攸之、祎、允等之慢，以彰其咎。

陛下亦宜自谋，以咨诹善道，察纳雅言，深追先帝遗诏。臣不胜受恩感激。

白话译文 //

希望陛下能够把讨伐曹魏、兴复汉室的任务托付给我，若不能完成，就治我的罪，（从而）用来告慰先帝的在天之灵。如果没有振兴圣德的建议，那就责备郭攸之、费祎、董允等人的怠慢，来揭示他们的过失。陛下也应自行谋划，征询臣下的意见，考察并采纳正确的言论，深切追念先帝临终留下的教诲。臣蒙受大恩，不甚感激。

今当远离，临表涕零，不知所言。

白话译文 //

今天（我）将要告别陛下远行了，面对这份奏表禁不住热泪纵横，也不知说了些什么。

朗读贴士 //

这篇《出师表》可谓脍炙人口，它出自三国时期蜀汉丞相诸葛亮之手，传诵千秋。诸葛亮在平定南方叛乱后，为实现全国统一，决定北伐魏国，这是他带兵出征前给后主刘禅的奏表。表中不仅有臣对君关于当下形势的理性分析，也有长辈对晚辈的肺腑之言、谆谆教诲。所以，全文情感丰富，极有张力。我们在朗读时，首先一定要对照白话译文，充分理解其意思，将段落中包含的主人公内心细微的情感充分挖掘出来，置于我们的语气中。全文语气基调悲怆，我们要着力表现一个臣子的赤胆忠心，以及一位长者的绵绵深情。古文的诵读与现代文其实别无二致，都需要我们通过情感驱动自身语言变化，以声传情、以情感人。

朗读技巧标记版 //

彩字重音，\停顿，^连接，o虚声送气

语势上扬╱语势下降╲

臣亮言：先帝\创业未半\而中道崩殂，今天下三分，益州疲弊，此诚危急存亡之秋也。然侍卫之臣不懈于内，忠志之士忘身于外者，盖追先帝之殊遇，欲报之于陛下也。诚宜开张圣听，以光先帝遗德，恢弘志士之气，不宜妄自菲薄o，引喻失义o，以塞忠谏之路也。

宫中府中，俱为一体，陟\罚\臧\否，不宜异同。若有作奸犯科及为忠善者，宜付有司论其刑赏，以昭陛下平明之理；不宜偏私，使内外\异法也o。

侍中、侍郎郭攸之、费祎、董允等，此皆良实，志虑忠纯，是以先帝简拔\以遗陛下。愚以为\宫中之事，事无大小^，悉以咨之^，然后施行，必能裨补阙漏，有所广益。

将军向宠，性行淑均＾，晓畅军事，试用于昔日，先帝称之曰能，是以众议举宠为督。愚以为＼营中之事，悉以咨之，必能使行阵和睦＾，优劣＼得所ο。

亲贤臣，远小人，此先汉所以兴隆也；亲小人＾，远贤臣，此后汉＼所以倾颓也。先帝在时，每与臣论此事，未尝不叹息痛恨于桓＾、灵也。侍中＾、尚书＾、长史＾、参军，此悉贞良死节之臣。愿陛下亲之信之，则汉室之隆，可计日＼而待也ο。

臣本布衣，躬耕于南阳，苟全性命于乱世，不求闻达于诸侯。先帝ο不以臣卑鄙，猥自枉屈，三顾臣于草庐之中＾，咨臣以当世之事，由是感激，遂许先帝以驱驰。后值倾覆，受任于败军之际＾，奉命于危难之间，尔来二十有一年矣ο。

先帝知臣谨慎，故临崩寄臣以大事也。受命以来，夙夜忧叹，恐付托不效＾，以伤先帝之明，故五月渡泸＾，深入不毛。今南方已定＾，兵甲已足，当奖率三军＾，北定中原＾，庶竭驽钝＾，攘除奸凶＾，兴复汉室＾，还于＼旧都ο。此臣所以报先帝而忠陛下＼之职分也。至于斟酌损益＾，进尽忠言，则攸之＾、袆＾、允之任也。

愿陛下托臣以讨贼兴复之效，不效，则治臣之罪＾，以告先帝之灵。若无兴德之言，则责攸之＾、袆＾、允等之慢，以彰其咎。陛下ο亦宜自谋，以咨诹善道＾，察纳雅言，深追先帝遗诏。臣不胜＼受恩感激。

今当远离，临表涕零，不知＼所言ο。

麻雀

（俄）屠格涅夫

我打猎归来，沿着花园的林荫路走着。狗跑在我前边。

突然，狗放慢脚步，蹑足潜行，好像嗅到了前边有什么野物。

我顺着林荫路望去，看见了一只嘴边还带黄色、头上生着柔毛的小麻雀。风猛烈地吹打着林荫路上的白桦树，麻雀从巢里跌落下来，呆呆地伏在地上，孤立无援地张开两只羽毛还未丰满的小翅膀。

我的狗慢慢向它靠近。忽然，从附近一棵树上飞下一只黑胸脯的老麻雀，像一颗石子似的落到狗的跟前。老麻雀全身倒竖着羽毛，惊恐万状，发出绝望、凄惨的叫声，接着向露出牙齿、大张着的狗嘴扑去。

老麻雀是猛扑下来救护幼雀的。它用身体掩护着自己的幼儿……但它整个小小的身体因恐怖而战栗着，它小小的声音也变得粗暴嘶哑，它在牺牲自己！

在它看来，狗该是多么庞大的怪物啊！然而，它还是不能站在自己高高的、安全的树枝上……一种比它的理智更强烈的力量，使它从那儿扑下身来。

我的狗站住了，向后退了退……看来，它也感到了这种力量。

我赶紧唤住惊慌失措的狗，然后我怀着崇敬的心情，走开了。

是啊，请不要见笑。我崇敬那只小小的、英勇的鸟儿，我崇敬它那种爱的冲动和力量。

爱，我想，比死和死的恐惧更强大。只有依靠它，依靠这种爱，生命才能维持下去，发展下去。

朗读贴士 //

这是屠格涅夫最为中国人所熟知的一篇短篇小说，因为它入选了中国的语文课本。这篇小说描写的是老麻雀为了拯救自己的孩子，与猎狗之间搏命的较量。写作目的是歌颂爱的伟大。该篇作品的起、承、转、合非常典型，节奏的抑扬顿挫、轻重缓急，随着剧情的发展而不断发生变化。由一开始我与狗回家时的"缓"，到发现不知名野物时的"急"，到描写小麻雀时候的"缓"，到老麻雀从天而降时候的"急"，再到唤回狗的"缓"，并在最后抒发感慨，进行情感升华。总体表达基调是热烈赞扬，但是在前面故事展开的部分要展现出十足的悬念感、危机感以及紧迫感。诸如此类的短篇故事需要我们全面调动自身表达技巧，做到在情感的引导下"无一字无变化"。

朗读技巧标记版 //

彩字重音，\ 停顿，^ 连接，o 虚声送气

我打猎归来，沿着花园的林荫路走着。狗跑在我前边。

突然，狗放慢脚步^，蹑足潜行，好像嗅到了前边\有什么野物。

我顺着林荫路望去，看见了一只嘴边还带黄色、头上生着柔毛的\小麻雀。风猛烈地吹打着林荫路上的白桦树，麻雀从巢里跌落下来，呆呆地伏在地上，孤立无援地张开两只\羽毛还未丰满的小翅膀。

我的狗慢慢向它靠近。忽然，从附近一棵树上飞下一只黑胸脯的老麻雀，像一颗石子似的落到狗的跟前。老麻雀全身倒竖着羽毛^、惊恐万状^，发出绝望^、凄惨的叫声，接着向露出牙齿^、大张着的狗嘴扑去。

老麻雀是猛扑下来救护幼雀的。它用身体掩护着自己的幼儿……但它整个小小的身体因恐怖而战栗着，它小小的声音也变得粗暴嘶哑^，它在牺牲自己！

在它看来，狗\该是多么庞大的怪物啊！然而，它还是不能站在自己高高的^、安全的树枝上^……一种比它的理智更强烈的力量，使它从那儿扑下身来。

我的狗站住了，向后退了退……看来，它也感到了这种力量。

我赶紧唤住惊慌失措的狗，然后我怀着崇敬的心情，走开了o。

是啊o，请不要见笑。我崇敬那只小小的、英勇的鸟儿，我崇敬它那种爱的\冲动和力量。

爱o，我想，比死和死的恐惧\更强大。只有依靠它^，依靠这种爱，生命\才能维持下去^，发展下去o。

后　记

练习至此，相信每一位读者都已经对本书的功能有了更为深刻地了解，对这本既是"看"的书，又是"练"的书，有了更为全面地认识。要用好此书，需要在学习了前半部分相关的语言表达理论之后，在后面的练习篇当中，不断扫码、跟读，勤于练习。

"三年的胳膊、五年的腿、十年练不好一张嘴"，这不是一本看完一遍就可以丢在一边的书，想不断精进自己的语言表达，就需要初学者将此书不断从头至尾，反复跟读练习，唯有在日复一日的练习中，将此书的文字与范读烂熟于心，才能有所进步。

语言表达的练习，来不得半点虚假，有志于提升自我的每一位志同道合的朋友，请加油！

郑伟